華志文化

華志文化

美魔女氧生術

不能沒有"氧"健康熟女美顏書

趙叔碧 博士 著

華志文化

推薦序一

戴桂英　行政院衛生署副署長

　　趙叔碧女士從事運動保健工作數十多年，是一位非常認真、美麗又充滿活力的美魔女，每次見到她，總是神采飛揚、精神奕奕，而且非常熱情地將她個人保健經驗分享給周遭人，當她誠摯地邀請我為她的新書《美魔女氧生術》寫序，我當然一口就答應，也希望藉此將她的熱情及運動養生保健的經驗與心得推薦給社會大眾。

　　趙博士除了擔任本署（行政院衛生署）員工社團運動保健老師，還用心在各報章雜誌撰擬健康養生專文，她才華十分洋溢，本書將她累積多年的經驗分享給大眾，是所有讀者們的最佳獲「氧」途徑！

　　氧是人的生命泉源，缺氧不僅會加速老化，更會導致各種疾病，需透過規律的有氧運動及正確飲食，並保持心理的健康才是正確之道。現在社會經濟環境快速變遷，疲勞和壓力似乎如影隨行，常常壓著人喘不過氣，但是壓力儼然就是生活的一部分，我們必須傾聽心底壓力的聲音，找出問題的根源，並以正向的態度積極面對，就像此本書提到的把快樂當成一種習慣，保持心境和諧安寧，樂在生活，更要愛人如己，把快樂氛圍傳給每個人，營造整體幸福健康的社會。

　　生命的意義，端看我們如何去揮灑，擁有健康的身心，每天幸福久久，成為活力十足的「美魔女」。

推薦序二

牟聯瑞　義大醫院醫療副院長

　　空氣、水、陽光是生命的三大要素，尤其是空氣（正常的氧含量約為21%）更是三者中最重要的，雖然看不見摸不著，但可以與生命劃上等號，如果空氣中沒有氧氣，幾分鐘內，生命將不復存在。氧氣對人體的免疫功能和新陳代謝有決定性作用，氧氣與我們息息相關，沒有任何東西比氧氣對人的生命更重要。

　　隨著經濟的快速發展，都市森林綠地面積減少，車輛人口膨脹，氧氣消耗過度，有害氣體增加，空氣嚴重污染，尤其是冷暖空調的普遍使用，現代人又缺少運動，且大多數的人長期坐在電腦前工作，室內空氣氧含量更加不足，導致免疫力下降，睡眠不好，精神不佳；加上污染的空氣和各種病毒的侵入，致使疾病叢生，現在我國每年因健康問題用於醫療上的開銷達數千億元，醫療費用劇增，國家和個人都難以承受。

　　趙老師不僅是專業的運動健身教練，更是美國杜蘭大學公共衛生碩士以及中醫博士。由她來編寫這本《美魔女氧生術》實不作第二人想。此書不但用實例說明氧氣對人體的重要性，深入淺出將氧氣的代謝與疾病的關係用一般人都能了解的文字進行清楚的描述，並教導讀者特別是女性朋友們如何常保健康美麗的方法，包括如何吃得健康，並由其本人親身示範正確的有氧運動。

　　初次見到趙老師的人常常會驚訝她的外表永遠看不見她真正的年齡，似乎時間在她的身上已經凍結。但認識她愈久就愈發現她是一個充滿愛心、樂在工作的人。這樣的特質或許更是她能常保青春的秘訣。誠如書中所說，心理有氧，愛人愛己，就能活的健康，活的快樂。衷心推薦這本好書給所有的讀者。

自序

　　有一天，我去海灘，看見一個小朋友拿了一條僵硬乾涸的死魚，小心翼翼的將牠放回海裡，小朋友說：「牠只是一時缺氧，等牠到大海裡，重新接受海水的滋潤，牠就會活過來了。」我愣了半晌，心裡悸動著久久不能平復。這位善良的小朋友一片愛心，竟然想讓一條已無生命的魚兒重獲新生！我想著若是一個人生命暫時缺氧，生病了，或是遇到瓶頸，倘若不靠他人，是否也可以自己重新活過來、重新再開始？

　　我曾概略的以問卷方式問我幾位上班族的學生，問她們生活中感到最快樂與最不快樂的事是什麼；她們竟然多數都回答不快樂的時候比較多，而不快樂的事又以身體的不適居多，其次是家庭、職場、朋友、個人經濟等令人操煩瑣碎的事物。我又問她們，難道就沒有半點值得令人振奮或感覺開心的事物嗎？幾乎每一位都攪盡腦汁努力想了一會兒才回答，「噢，我剛買了一隻吉娃娃好可愛好聽話」，「我認識一位正點辣妹」，「老婆生個帶把的娃兒我當爸了」等等這些所謂感覺快樂的事情。

　　但這又能讓他們快樂多久？

　　我常試著問自己，「現在的妳快樂嗎？」、「滿意現在的生活嗎？」

　　我的答案是肯定的。我對我現在的生活感到非常滿意。

　　雖然我是一位從事保健養生的老師，我也和一般人一樣常抱怨現實生活中的不滿，比如官僚，比如繁雜瑣事，或是對不合理的事情生氣跳腳等。但我了解問題癥結，我清楚地看待自己的短處和缺點，認真學習勇敢面對自己，不掩飾、不矯情，也不自怨自艾，而是以一種泰然自若的心態，去包容不盡完美的生活與瑣事。佛家中有一句話：「境由心造」，是說由於心態的不同，即使是相同的境遇，在不同的人心中也會造成不同的心境，並產生不同的影響，導致不同的結果。這話不是絕對的真理，但也頗有它的道理。

　　班上有兩位同學都是初出茅廬的職場新鮮人，剛上班便遇到一連串不適：待遇差、又受到排擠，甲生在一次又一次挫折和不公平待遇之下，終日怨氣沖天，最終抑鬱成疾，一晃青春不再，一事無成，悔之晚矣。另一位乙生，則大肚為懷，含蓄忍讓，努力適應環境，加強自身能力，累積經驗，等待時機，逆境反而使她變得更堅強、更成熟，她揚長避短，屢出成就，積小勝為大勝，終於功成名就。

　　有的人面對自己的貧困和生活的失意，總是羨慕和妒忌他人的富裕、幸運，抱怨自己生不逢時，大罵世道不公，卻不尋求改變現狀的正確途徑，坐著乾等，或是自暴自棄，讓生活無色無味，毫無歡樂可言。精神比物質還要貧困；相反的，有的人面對同樣的生活壓力，卻不怨天

尤人，而是面對現實，視之為一種對人生和生命的挑戰與考驗，努力奮鬥，盡自己最大的力量去改變現實中的不如人意，同時，也不對生活抱以過高的奢望，而是生活儉樸平淡、平和從容，充分地感悟著人生，享受著人生，活得既有氧又健康。

看看存在人世間的事物幾乎都是對立的，比如黑白、上下、正反、好壞、美醜、善惡、是非、曲直……等等，但卻互為依存。人生不也是如此，有歡樂就有痛苦，有順利就有坎坷，有得志就有失意，有健康就有疾病……。如果能夠體悟到這種世界存在的必然性，那麼人也就不會在生活中得意忘形或痛不欲生，正確地對待人生的變化和問題，坦然而行，即使身處逆境，也處之泰然，對所面臨的一切都視為生活的賞賜與考驗，衷心地告訴自己：「活著真好，我要珍惜生命！」於是，一種充實感、幸福感永遠伴隨著妳，無論季節怎麼變化、世態多麼炎涼、人生如何滄桑～活著就是好就是棒！

讓自己隨時保持充足氧氣，就像前面開頭說的那條缺「氧」的小魚兒，最後被好心的小朋友放生，重新獲得新生的意思是一樣的。而這也是我寫這本書的初衷；希望藉由我自身的學習經驗與專業研究，分享給讀者生命中最重要的能量泉源——「氧氣」，使有緣人能輕易品嚐、吸收其種種好處與必需性。本書從身體、心理及生活三大面向來作介紹，

並加入輕鬆易學的有氧運動、健康藥膳與飲食的調理示範。希望能帶動
與開創「有氧人生」，讓我們每個人都能「氧氣十足」、「元氣滿滿」盡
情地享受多采多姿的生命盛宴，充分感受與體會健康的「有氧」生活。

趙叔碧

2013. 4. 12

目錄

第一篇
身體有氧

1-1 氧氣的重要性

不能沒有氧

我們都知道，人是呼吸空氣中的氧氣而活的，如果沒有氧氣，肯定小命不保。正常人每分鐘約呼吸30次，每次約吸入0.4公升空氣，一晝夜共吸入空氣約18000公升，合計24kg，為飲食總量的10倍。其中1/5是氧氣，目的在於保證食物能充分地氧化並釋放出足夠的能量給人體。如果停止呼吸幾分鐘，人就會因此而死亡。

當氧氣被我們吸入後，由肺的主氣管經支氣管到小氣管末端的肺泡（每個人的肺裡約有7000多萬個細胞），透過肺泡膜將氧氣彌散入肺微血管裡，大部分的氧氣會和血液中紅血球的血紅蛋白相結合，當載滿氧氣的動脈血液從肺部流出，流經全身並和身體組織中的營養物質進行化學反應，進而消耗細胞中的氧氣，同時釋放二氧化碳。如此週而復始地進行來延續人們的生命。

當空氣中的氧氣含量達21％，對我們正常人是最合適。如果

1-2 因缺氧造成的病變案例

案例1 ▶ 卵巢缺氧，導致不孕

現代職業婦女們，上班時間大多是處於坐的狀態，同時又缺乏適時運動與鍛鍊，導致氣血循環不順暢，功能障礙頻頻發生。婦女病時有所聞，痛經更是嚴重，氣滯血瘀，導致淋巴或血行性的栓塞，使得輸卵管跟著也不通，再加上久坐和個人體質上的關係，就容易形成子宮內膜異位。根據臨床統計，育齡婦女中約10%患有不孕不育症，尤其又以經常坐在辦公室的女性朋友們居多，久坐不動導致「卵巢缺氧」，不可不慎防啊！

我的一位學生連小姐，六十五年次，先生是家中單傳，結婚七年始終無受孕跡象，找遍國內所有名醫並接受試管嬰兒試驗皆毫無半點訊息。日前跑到國外積極再做檢查，發現是子宮內膜異位造成不孕，經過一年追蹤之後才又知道是因自己長期久坐引起卵巢缺氧，導致不孕。前後折騰這麼久好不容易找出問題癥結，至今連小姐仍舊持續治療中。到現在為止，究竟能否如期受孕，

醫生也沒有明確回答。

改善方法 ▶▶▶

　　＊每天在辦公室記得起身活動活動筋骨，至少30分鐘。

　　＊搭乘捷運或公車時，可提前兩站下車步行一小段為佳。

　　＊上下樓時不搭乘電梯改走樓梯。

　　＊居家看電視播放廣告時，不妨站起來走動一會兒。

　　＊持續工作一個小時後，記得站起來適當活動一下。

　　＊最好能做到每週固定抽出一點時間做有氧體能鍛鍊。

案例2 ▶ 無塵室裡昏倒，工程師缺氧不治

　　據報導，去年10月18日在新竹科學園區裡一家上市公司，有一位電子助理工程師，進入無塵室維修晶圓機台時，因現場氧氣罩誤接成氮氣管線，故而因缺氧而在無塵室內窒息昏倒，送醫後不治，令人痛心疾首。

　　工程師正值廿六歲壯年，走得確實太冤枉了，但究竟是誰的

疏失呢？死者在竹科工作已三年，經驗應該算豐富，不至於接錯管線，即便接錯管線也不致於置人於死，更何況氮氣本身是沒有毒。這個案例的重點是，工程師進入無塵室維修晶圓機台時「根本沒吸到氧氣」，這種狀況其實在日常生活中算蠻常見的，有點類似在氧氣稀薄的高山上，一般的人只要缺氧四至八分鐘，就會造成意識不清、昏暈，以致腦細胞壞死進而死亡。像這個案例就是典型的腦內缺氧所造成的遺憾。

改善方法 ▶▶▶

＊ 平時加強訓練心肺功能
＊ 練習大口吸氣並大口吐氣

案例3 ▶ 缺氧引發癲癇

　　炎夏酷熱的一個午後，我班上的學生正在好眠中，一位女同學氣喘吁吁的衝進教室直呼「快點！快點！」，原來隔壁班有位學生倒地全身顫抖抽搐，嚇壞了班上所有同學。同學見狀趕緊四處討救兵，幸好我班上有同學會緊急施救處理，於第一時間補給

最重要的氧氣給倒地的同學，千鈞一髮之際救回她的一條小命。

事後，醫生說這位同學因為長期或嚴重的腦部缺氧，引起腦損傷，產生腦部的結構性或代謝病變，從而導致癲癇的發作。

其實缺氧症狀在我們生活中屢見不鮮，只是自己並不自覺。但缺氧對患有癲癇病的患者而言可是致命的威脅，絕不可大意。

缺氧究竟如何發生？能否避免？又該如何預防？

人體動脈缺氧：在擁擠的人群中，空氣間的氧氣突然變得非常不足，就好比人處於高山上因氧氣稀薄而造成窒息。有呼吸系

多種微量元素是腦發育及維持腦正常功能的必需物質，能對癲癇的發生產生影響。如腦部外傷後，鐵隨血液外溢沉於腦實質，使神經元受損，並使其數目減少，容易形成癲癇灶，進而引起癲癇發作。癲癇病人血清中鋅含量是呈現減少狀態，而腦內含量卻是增加。鋅會影響離子轉運，導致細胞膜不穩定；使一些抑制性神經傳遞物質在腦內的含量跟著減少，從而引起細胞異常活動，導致癲癇再發作。

統疾病的患者容易導致換氣減少、服用藥物所產生的後續作用致使呼吸抑制等現象。

人體**貧血性**缺氧：為人體血紅蛋白總量過少或血紅蛋白變性所引起，以致氧運輸量隨之降低。常見於嚴重的貧血和一氧化碳中毒等。要改善這種狀況建議妳：四周環境空氣要流通，不出入擁擠之公共場所，癲癇患者要特別謹防因缺氧而引發癲癇。

案例4 ▶ 肩膀僵硬、脖子酸痛、缺氧肌膜病症

在教學數十年中，最常聽見學員出現的健康狀況，也是最常處理的問題，多是肩膀僵硬、脖子酸痛，手臂酸麻不舒服等症狀。大都是從這隻手換到另一隻手，再從這隻手換到另一隻手，反反覆覆重複不斷發生。看醫生時，有的被診斷為肌腱炎，有的被診斷為扭傷，甚至還有醫生判定是精神異常！經過仔細檢查與觀察後，才確定是因肌膜疼痛缺氧所造成之不適應症。

在臨床上肌膜疼痛又稱肌痛，當患者身上的一塊或一群肌肉受外在給予局部刺激與壓力，造成那個區域疼痛反應相對也特別

強烈,甚至無法忍受,此特定點的壓痛,就稱為壓痛點。此時,在肢體末端部位也會有酸麻感,遠端之酸麻刺痛感我們又稱為轉移痛。肌膜痛之臨床症狀為肌肉之壓痛點及轉移部位疼痛,其壓痛點的肌肉會特別緊繃,造成肌力下降或關節活動受到局部限制,因此會讓我們身體感到持續酸痛及僵硬。嚴重時還會伴隨一些自主神經症狀,如:流淚、流鼻水或皮膚表面冰冷等現象。

肌膜疼痛是如何產生的呢?

在肌肉的表層肌膜上,有許多微小特別的感覺神經,可以把肌肉疼痛之刺激傳至腦部,而讓我們感到肌膜的疼痛。在某些特別的狀況下,如:關節炎、韌帶受傷、神經受到壓迫及持續不良之姿勢等,受傷組織會釋放出此化學物質如前列腺素,啟動肌膜上之特別感覺神經傳導,將疼痛訊息向上傳導至大腦,而讓我們意識到肌膜疼痛。

肌膜痛時如果不在意,或是隨便塗抹擦貼跌打損傷狗皮膏藥了事,那麼酸痛往往會反覆發作,造成治療上之困難與失敗。想想看!當一個人長期處於疼痛狀況下,很容易受到許多壓力的

影響，如：身體上、情緒上、個人經濟上等因素，進而加重肌膜疼痛。肌膜痛本身，又會使上述因素加重其壓力，惡性循環的結果，不只是影響個人身心，家庭及周遭有關連的人亦將受到波及，所以應儘早接受治療。

通常有壓痛點之肌膜疼痛是可治癒的，一般治療失敗的原因，可能是沒有做詳細之病史及理學檢查，以致於診斷不正確，或是沒有找出造成持續惡性循環加重病情的原因及解決方法。這點，在整個治療過程中是最重要的喔！有些肌膜痛會在給予適當之治療，症狀改善一段時間後，又再復發，多半是因沒有針對造成持續惡性循環之因給予解決，或是沒有教導病患如何保養及保持正確姿勢。

改善方法 ▶▶▶

＊壓痛點止痛治療：包括物理治療，如：冷熱之局部敷用、機械式徒手治療、拉筋運動、按摩、電療及運動等，其中以間歇性之冷凍噴劑加上拉筋運動及軟組織之深層壓力按摩效果最佳，所以臨床上多半是混合使用各種治療方式。另外有一種是壓痛點局部注射，若注射方法正確，通常疼痛會立即減輕。

　　＊造成持續惡性循環因素之確立及矯正：又分為機械上因素、醫學上因素及心理因素，其中如：身體結構方面功能缺陷、骨骼結構不對稱，兩腳長短不一、骨盆過度向前或向後傾斜皆會引起肌膜痛，此外若是長期姿勢不良者，如：打字員、程式設計師、長期坐辦公桌之上班族，往往會因姿勢不良，使身體某一部分肌肉長期處在過度收縮使用下，而重複發作肌膜疼痛症狀。

　　＊教導及自我訓練：學習正確之姿勢，避免長時間維持某一不良姿勢，並認識持續工作所造成之肌膜痛及學習如何做拉筋運動等。

案例5 ▶ 「狹心症」原來是心臟缺氧

　　我的小妹，小我一歲，長得秀氣甜美聰慧過人，但身子骨始終不甚健康。小時候有一次兩人爭吵，她突然上氣不接下氣臉色發青，緊急送到醫院急救，那次我才知道小妹患有先天性狹心症，從此對她小心呵護，不敢再刺激她了。

　　「狹心症」其實是心臟缺氧最明顯的代表，當從事運動、活

動、身體用力或心裡緊張、激動時，會有「左胸悶痛」的現象，休息一會兒，則又恢復正常。當胸痛發生時常會悶得像石頭壓迫胸部覺得透不過氣來，大部分的人會冒冷汗，或有痛得像被火燒到的感覺，呼吸非常困難、想吐。這種疼痛不舒服感通常只會持續數分鐘，有些人會同時覺得嘴角或左上肢麻麻的。此時服用舌下硝化甘油，就能緩解症狀。每次發作不會超過半小時。高危險族群通常患有高血壓、糖尿病、肥胖、抽菸、缺乏運動、家族史及高血脂症。

狹心症所表現之特性一般健檢不容易檢查出來。狹心症心臟病往往是「陣發性的」，平時好好的，但說發作就發作，甚至完全沒有明顯的誘因或預警，例如心律不整。許多急性心肌梗塞或猝死，是患者一輩子的第一次，但也是最後一次發作！

改善方法 ▶▶▶

預防三高※：均衡飲食、維持理想體重及良好的生活型態（包括戒菸、低脂飲食、多運動等）。平日可食用具清除血栓或降膽固醇的保健食品：如納豆激素或納豆食品，以預防或減少血

※三高指高血糖、高血脂、高血壓。

栓及膽固醇的產生與堆積，進而減少動脈硬化發生機率。

處理狹心症：一般只要停止活動，或舒緩情緒，或含硝化甘油舌下含片，幾分鐘內悶痛便會消失。

1-3 缺氧症候群

空氣中的氧氣乃是維持生命的根本，當人體出現缺氧時會有哪些變化？該如何辨識？

當人體組織和細胞得不到充足的氧，或不能充分利用氧時，組織和細胞的代謝、功能，甚至形態結構都可能發生異常變化，這一病理過程我們稱它為缺氧（hypoxia）。

缺氧在臨床上極為常見，是多種疾病引起死亡的最重要的直接因素。正常機體內氧的貯備是有限的（約1.5L），而成年人體需氧量約為每分鐘250ml，一旦呼吸、心跳停止，數分鐘內就可能死於缺氧。氧的獲得和利用是個複雜過程，包括外呼吸、氣體運輸和內呼吸，是由許多系統（如呼吸、循環、血液等）共同協調完成的。其中任何一個環節發生障礙均會引起缺氧。一旦組織器官缺氧，人體馬上產生病變。因此，缺氧的人若未即時給予治療或加以改善，輕者可能引起心悸、胸悶、休克，重者會導致窒息或死亡！

缺氧的原因和類型

根據缺氧的原因及發病環節不同，一般將缺氧分為四種類型：

一、乏氧性缺氧

是指由於肺泡氧分壓降低，或靜脈血分流入動脈，血液從肺攝取的氧減少，以致動脈血氧含量減少。屬於低張性低氧血症（hypotonic hypoxemia）。致使動脈血氧分壓隨之降低，引起的缺氧稱為乏氧性缺氧（anoxic hypoxia），又稱低張性缺氧（hypotonic hypoxia）。

導致原因 ▶▶▶

吸入氣氧分壓過低：多發生於海拔3000公尺以上的高原或高空；也常發生在通風不良的礦井、坑道中。因吸入空氣含氧不足，擴散進入血液中的氧氣減少之故。

外呼吸功能障礙：由於肺的通氣或換氣功能障礙引起。常見於呼吸道狹窄或阻塞、胸腔疾病、肺部疾病等，又稱為呼吸性缺

氧（respiratory hypoxia）。

靜脈血分流入動脈：多見於某些先天性心臟病，如室間隔或房間隔缺損伴肺動脈狹窄時，出現右向左分流，靜脈血滲入左心的動脈血中。

二、血液性缺氧

由於血紅蛋白數量不足或性質改變，血液攜帶氧的能力降低所引起的缺氧稱為血液性缺氧（hemic hypoxia）。但此型缺氧的動脈血氧含量降低而血氧分壓正常，故又稱等張性低氧血症（isotonic hypoxemia）。

導致原因 ▶▶▶

貧血：各種原因引起的嚴重貧血，使血紅蛋白量減少，血液攜氧減少而發生缺氧，又稱為貧血性缺氧（anemic hypoxia）。

一氧化碳中毒：一氧化碳與血紅蛋白結合形成碳氧血紅蛋白（HbCO），從而失去運氧功能。一氧化碳與血紅蛋白的親和力比氧大210倍，故當吸入氣體中有0.1%的一氧化碳時，血液中的

血紅蛋白就可能有50％為HbCO。此外，一氧化碳還能抑制紅血球內糖酵解，使2, 3-DPG※生成減少，氧離曲線左移，氧合血紅蛋白中的氧不易釋出，從而加重組織缺氧。HbCO呈櫻桃紅色，故一氧化碳中毒患者皮膚黏膜呈櫻桃紅色。

高鐵血紅蛋白血症：血紅蛋白中的二價鐵，在氧化劑作用下，可氧化成三價鐵，形成高鐵血紅蛋白（$HbFe^{3+}OH$，也稱變性Hb或羥化Hb）。某些化學物質（如亞硝酸鹽，過氯酸鹽，磺胺等）中毒時，可形成過多的高鐵血紅蛋白，其三價鐵與羥基牢固結合而喪失攜帶氧的能力，使組織缺氧。含多量高鐵血紅蛋白的血液呈咖啡色或青石板色。如食用大量含有硝酸鹽的醃菜或變質蔬菜時，腸道細菌將硝酸鹽還原為亞硝酸鹽，吸收後形成高鐵血紅蛋白血症，會出現「腸源性紫紺」，出現頭痛、無力、呼吸困難、心跳加速、昏迷以及皮膚黏膜呈青紫色。

三、循環性缺氧

由於組織血流量減少，使組織供氧量減少所引起的組織缺

※2, 3-DPG是由2, 3-二磷酸甘油變位酶（DPGM）催化下所產生。

氧稱為循環性缺氧（circulatory hypoxia），又稱低動力性缺氧（hypokinetic hypoxia）。

導致原因 ▶▶▶

　　全身性循環障礙：見於心力衰竭及休克等時。休克患者心輸出量減少比心力衰竭者更嚴重，全身缺氧也更嚴重。患者可死於因心、腦、腎等主要臟器嚴重缺氧而發生的功能衰竭。

　　局部性循環障礙：見於血管病變如脈管炎、動脈粥樣硬化、血栓形成以及各種栓塞等。其後果主要取決於血液循環障礙發生的部位，心肌梗死及腦血管意外是常見的致死原因。

四、組織性缺氧

　　由於組織細胞利用氧異常引起的缺氧，稱為組織性缺氧（histogenous hypoxia）。

導致原因 ▶▶▶

　　組織中毒：不少毒物如氰化物、硫化氫、磷等可引起組織中毒性缺氧。最典型的是氰化物中毒。各種氰化物（如HCN、KCN、NaCN、NH_4CN

等）可通過消化道、呼吸道或皮膚進入體內，迅速與氧化型細胞色素氧化酶的三價鐵結合為氰化高鐵細胞色素氧化酶，使之不能還原成還原型細胞色素氧化酶，以致呼吸鏈中斷，組織不能利用氧。當體內存有0.06g的HCN即可使人死亡。此外，細菌毒素、放射線等也可能損傷粒線體的呼吸功能而引起氧的利用障礙。

維生素缺乏：某些維生素如核黃素、尼克琣胺和尼克酸等是呼吸鏈中許多脫氫酶輔酶的成分，當這些維生素嚴重缺乏時，生物氧化過程即不能正常順利進行。

缺氧時機體的功能和代謝變化

缺氧時機體的功能和代謝變化是機體對缺氧的代償適應和損傷性改變的綜合反應。輕度缺氧主要引起代償性反應，嚴重缺氧而機體代償不全時，出現的變化是以功能和代謝障礙為主，甚至可發生組織細胞壞死或機體死亡。

一、代償性反應

呼吸系統的代償性反應

缺氧時呼吸運動增強，呼吸變深變快。深而快的呼吸可以增加每分鐘肺通氣量，使肺泡面積顯著擴大，以利於氧從肺泡彌散入血。在呼吸變深變快的同時，胸廓運動增強，胸腔負壓增大，靜脈回心血量增多，流過肺臟的血量增多，從而加速氧的運輸。呼吸變深變快是由於動脈血氧分壓降低可刺激頸動脈體和主動脈體化學感受器，反射性地引起呼吸中樞興奮所致。缺氧時如伴有動脈血二氧化碳分壓增高，或酸性代謝產物增多時，均會刺激外圍和（或）中樞化學感受器引起呼吸運動加強。但是過度通氣可排出較多二氧化碳，導致呼吸性併發中毒，後者在一定程度上可以抑制呼吸，抵消缺氧興奮呼吸的作用。

循環系統的代償反應

當心臟輸出量增加　缺氧時會引起交感神經──腎上腺髓質系統興奮，作用於心臟 β ──腎上腺素能受體，使心臟收縮性增強。同時，心臟活動及胸廓呼吸運動隨之增強，可導致靜脈回流量增多，使心臟輸出量也增加。此外，由於通氣增加，肺泡膨脹對肺擴張感受器的刺激，反射性地通過交感神經進而使心率加快。

　　血流分佈改變　　急性缺氧時，皮膚和腹腔臟器因有較密集的交感收縮血管纖維，當交感神經興奮時，收縮血管作用佔優勢，故血管可以正常收縮。而心、腦血管則是以腺體局部組織來代謝產物以擴張血管作用為主，故血管擴張，血流自然增加。這種血流重新分佈就是保證生命重要器官氧的供應安全無缺。

　　肺血管收縮　　肺泡缺氧及血氧分壓降低都可能引起肺小動脈收縮，進而使缺氧的肺泡血流量減少。如果肺泡缺氧通常為肺泡通氣量減少所引起，那麼肺血管收縮反應則有利於維持肺泡通氣與血流的適當比例，使流經這部分肺泡的血液仍能獲得較充分的氧，從而維持肺部較高的動脈氧分壓。

　　微血管增生　　長期慢性缺氧可促使微血管增生。尤其是心臟和骨骼肌的微血管增生更明顯。當微血管的密度增加會縮短血氧彌散至細胞的距離，增加對細胞的供氧量。

血液系統的代償反應

　　紅血球增多　　急性缺氧時，可反射性地使儲血器官（肝、脾）收縮，將平時不參與循環的血液釋放至人體循環中，以增加循環血量及紅血球數量。慢性缺氧時，能刺激腎臟細胞生成並釋

放紅血球生成素,後者刺激骨髓幹細胞,加速紅血球成熟並釋放入血液中循環。一旦紅血球及血紅蛋白增多,就可順利增加血液的血氧容量和血氧含量,從而增加組織供氧量。萬一紅血球過多,是會增加血液黏稠度,使血液流的速度減慢,進而影響氧氣的運輸。

血紅蛋白缺氧時　紅血球內的3-DPG便會增多,3-DPG本身又是一種有機酸,當其增加時就會降低紅血球內的pH值。減少了血紅蛋白與氧的親和力,從而促進氧與血紅蛋白的分解,有利於紅血球在組織中釋放出更多的氧來供應人體組織利用。

組織細胞的適應

組織細胞利用氧的能力增強　慢性缺氧時,細胞內粒線體數目和膜的表面積均會增加,細胞色素氧化酶也會增加,使細胞的內呼吸隨之增強。

無氧酵解增強　嚴重缺氧時,ATP※的生成就會減少,ATP /

※ATP 被稱為細胞的能量貨幣 (energy currency) ,也就是說凡是需要能量,就必須使用ATP。ADP叫做:二磷酸腺甘。A:腺嘌呤。D:兩個的意思。P:磷酸根。ATP、ADP為核甘酸,不是核酸。

ADP比值一下降，導致磷酸果糖激酶活性增強。此酶是控制糖酵解過程中最主要的限速酶，其活性增強可促使糖酵解過程增強，在一定程度上可有效補償人體能量的不足。

缺氧時機體的功能和代謝障礙

嚴重缺氧，如乏氧性缺氧患者動脈血氧分壓低於4kPa（30mmHg）時，組織細胞會發生嚴重缺氧性損傷，器官可發生功能障礙甚至衰竭。

一、缺氧性細胞損傷

嚴重缺氧使粒線體呼吸功能降低，ATP生成減少，以致Na^+-K^+泵不能充分運轉，使細胞內Na^+增多，進一步促使水進入細胞，導致細胞水腫。細胞內K^+外流，使細胞內缺K^+，而K^+為蛋白質包括酶等合成代謝所必需的元素。當細胞內缺K^+將導致合成代謝發生障礙，酶的生成自然減少，進一步影響ATP的生成和離子泵功能。嚴重缺氧可使細胞膜對Ca^{2+}的通透性增高，當Ca^{2+}增多就會抑制粒線體的呼吸功能，並激活某些酶的產生，引起溶酶體之損

傷及其水解酶的釋出，並增加自由基的形成，加重細胞損傷，進而導致細胞變性壞死。

二、中樞神經系統功能障礙

　　人體的腦重僅為體重的百分之二左右，而腦血流量約佔心臟輸出量的百分之十五，而腦的耗氧量約為總耗氧量的百分之二十三，所以腦對缺氧十分敏感，對缺氧耐受性更差。急性缺氧可引起頭痛，情緒激動、思考力、記憶力、判斷力降低或喪失，造成身體運動不協調。慢性的腦部缺氧會有疲勞、嗜睡、注意力不集中、精神抑鬱等症狀。嚴重缺氧可導致暈厥、昏迷甚至死亡。缺氧所引起的腦部組織變化主要是腦細胞腫脹。當腦部缺氧及酸中毒時，腦的微血管壁通透性會增加，進而引起腦間質水腫。腦水腫會使顱內壓力升高，並壓迫腦血管影響血液的循環，使腦部缺氧狀況更加嚴重，形成惡性循環。

三、外呼吸功能障礙

　　急性乏氧性缺氧，就像快速登上4000公尺以上高山，會在1～4天內發生急性肺水腫，造成呼吸困難、咳嗽、甚至出現血性

泡沫痰、肺部有濕鑼音作響、皮膚黏膜變成紫紺等。由於缺氧導致周圍血管收縮，使回流至心臟血量快速增加和造成肺血量同時增多，加上缺氧性肺血管收縮反應使肺部血液流速阻力增加，形成肺動脈高壓；此時肺微血管通透性隨之增加，故發生肺水腫。肺水腫會影響肺的換氣功能，使動脈血氧分壓進一步下降。當動脈血氧分壓過低時會直接抑制呼吸中樞，呼吸被抑制，肺通氣量自然減少，導致中樞性呼吸衰竭。

四、循環功能障礙

嚴重缺氧時，心臟絕對受累，如高原性心臟病、肺原性心臟病、貧血性心臟病等，甚至發生心臟衰竭。當缺氧所引起循環障礙的機制有：

- 嚴重缺氧心肌能量產生不足，Na^+-K^+泵不能正常運轉，使心肌的收縮與舒張功能減低。

- 動脈氧分壓降低對頸動脈化學感受器的刺激反射性地興奮迷走神經，會引起心率變慢、收縮、甚至發生心室纖維顫動而致死。嚴重心肌受損時會導致完全性傳導阻礙滯留。

- 當缺氧時會使肺血管收縮，並增加肺循環阻力，導致肺動

脈高壓。肺動脈高壓會引起右心室肥大衰竭，甚至死亡。

● 全身性嚴重缺氧使體內產生大量乳酸等代謝產物，對周圍血管有直接擴張作用，使周圍血管床擴大，造成大量血液淤積在靜脈四周，造成流回心臟血量相對減少。

身體各部位缺氧的嚴重性

缺氧3分鐘時，會產生意識障礙。

缺氧4分鐘時，心臟就會自動停止跳動。

缺氧5分鐘時，隨即產生非可逆性腦障礙。

缺氧8分鐘之後，想要甦醒幾乎是無指望。

腦部

腦部的氧氣消耗量，平常的需求量就非常多，當在運動與思考時更是加重，為了補給大量氧氣，在腦循環之血液是佔極大的分量。如果缺少氧氣供應，腦部機能馬上引起重大變化與傷害。供給一斷絕，腦的活動立刻全部停擺，這狀態只要持續30秒，腦

細胞就開始被破壞，2～3分鐘就會發生永不能再生的細胞破壞，就是所謂的腦死（植物人）。

肺

肺主要是呼吸的功用會連續供給氧氣，排出來自心臟及其他器官之二氧化碳，預防血液的酸性化。肺吸入空氣中的氧氣，經由連續動作和機轉，最後到達組織細胞，供應人體代謝使用。過程中若是稍有差池，負責氣體交換的肺部受到破壞時，造成缺氧狀態，身體便會出現許多不良反應，導致呼吸急促難過，也就是罹患了急性呼吸窘迫症候群（ARDS, acute respiratory distress syndrome）。

臨床診斷上急性呼吸窘迫症候群，近年來被認為只要完全符合下列四條件者便是：

1. 急性發作，短時間內即有大變化。
2. 重度缺氧，低於正常氧合40%以下。
3. 胸部X光呈現兩側肺部泛白（肺部浸潤），表示肺部廣泛受到傷害。
4. 排除心臟衰竭因素，所以又稱為非心因性肺水腫。

現在大多數醫師們認為急性呼吸窘迫症候群的致病機轉是來自於全身發炎反應中的呼吸系統局部表現，所以常看到肺與其他器官衰竭一起同時出現。換言之引起急性呼吸窘迫症候群的原因也就不一而足，如器官感染、吸入性肺炎、休克、嚴重創傷、大量輸血、溺水、煙霧傷害、窒息早產等等，其中又以肺部感染後所導致的敗血症最為常見。

在臨床顯示急性呼吸窘迫症候群的發生機率並不高，但死亡率卻是不低，一般報告約50～70%，尤其以感染所引起者常常後果特別差。

一旦產生了急性呼吸窘迫症候群，大多數病患都會因呼吸衰竭而需要插上人工氣道並且使用呼吸器才能繼續維持。

心臟

人活著的時候，身體需要血液循環至全身各處，此時心臟會不斷的輸送血液去提供氧氣給人體組織和細胞以維持生命。 而心臟就像是一個幫浦，推動血液至全身。一旦心臟停止，腦細胞會在數十分鐘之內就因為缺氧而面臨死亡，人就會失去知覺昏迷休

克，若超過十餘分鐘無法及時挽回，就會死亡。因此心臟可說是維持人生命最重要的器官。

常見心臟缺氧所造成的疾病

有很多種，如缺氧性心痛、冠心病、心漏病、心臟肌肉衰弱、心瓣活動失常、心絞痛等等。不過由於心臟血管疾病是最常見的，故一般人也就統稱之為心臟病。

缺氧性心痛　通常心痛是因為心肌缺氧(感覺像是壓迫性絞痛)。病因是出在冠狀動脈循環無法達成運送血液至心肌，造成心肌乳酸堆積所引起。另外，當劇烈運動或情緒上的壓力、寒冷都可能引起心痛。

心絞痛　您是否曾經跑得太快或是太久時發現胸部悶痛或感到不適，會覺得呼吸急促？這是因為肺部無法及時供應您足夠的氧氣；換言之，當您的心臟無法獲得足夠的氧氣時，心絞痛就發生了。

心絞痛是罹患心臟疾病的警訊，是可以用藥物來控制心絞痛。某些藥物可以幫忙打通心臟周圍的血管，減少心臟的工作量。心臟能獲得更多血液及氧氣供應，自然就可以減低心絞痛帶

來的不適應。

冠心病　常見的冠心病則是由於冠狀動脈變得狹窄閉塞，血液流動不順暢導致心肌缺乏氧氣與營養，嚴重的情形會導致心肌壞死，甚至死亡。通常冠心病患者可由全無病兆至突然死亡，或出現以下症狀：心絞痛、呼吸急促、出汗、心律失常、心悸、頭暈、作嘔等。

心漏病　心漏病則是在左右心房之間或左右心室之間有個孔，也包括各種心瓣有狹窄或不健全的情形，甚至也有可能是大動脈有狹窄，或者有多種畸形同時產生。所以心漏症該屬先天性心臟病之一種。

血液

血液中的氧氣會增加，就是指搬運氧氣的紅血球跟著增加。因此血液量會增加，造成大量的血液在血管內流動。這時會洗淨黏在血管內壁的膽固醇等多種不潔淨物質，淨化血液成為乾淨的身體。血液中氧氣不足容易身體疲勞，原因起源於運動時體內的糖質變乳酸之故。從血液中能測量出其中乳酸值的多寡並了解疲

勞程度。隨著乳酸慢慢減少自然就會恢復精神。適時補給氧氣能迅速減少血液中之乳酸。

當血液中氧氣不足時容易記憶力衰退，頭腦模糊不清，頭腦裡若積存著不潔物及老廢物，這情形就得靠補給氧氣來清除。充足的氧氣能使記憶力集中、頭腦清晰。

此外，動脈裡的含氧血是鮮紅色的，而靜脈缺氧在皮膚表面上看起來會呈現藍色。因此，血液循環好的人，臉色紅潤，精神奕奕，血液循環不好的人，皮膚看起來會灰灰的，沒有光澤。

人在發火前為什麼要深呼吸？

當人憤怒時，呼吸往往很淺。看上去氣鼓鼓的，實際呼吸急促，甚至會屏住呼吸。身體器官進入缺氧狀態，呼吸節奏被打亂了，情緒被憤怒所控制，就好像「魂魄不全」，很可能會做出讓自己後悔的舉動。這個時候，提醒自己進行深呼吸，讓氧氣隨血液平緩流入身體各部位，就能夠減輕憤怒的狀態，相對平靜下來，腦袋自然有理性地思考和判斷。

缺氧會造成以下常見的病變

一、集體文明病

現代人最常見的一種都市文明病──即缺氧症候群，這是久居城市的人們，身體不約而同容易發生的一些不大不小的症狀；通常我們多不以為意而不予理會，也因此往往最初只是小毛病，但日後卻轉變為大毛病，甚至危害性命。

生活在大都會裡，放眼望去，到處都是人、川流不息的車潮，四處高樓林立，空氣的流動相對變差變濁，再加上日益嚴重的空氣污染，使得空氣品質每況愈下。空氣中氧的含量和純度自然也就相形快速下降。再加上現代工作環境幾乎是在空調下的密閉式空間，長期經年累月吸不到新鮮有氧空氣，缺氧症候群因此便產生。

千萬別小看它喔！它對人體的危害還真不少呢！當身體出現缺氧不適症狀時，大部分的人總會認為是自身工作太勞累了或壓力太大所引起，甚至誤以為只需休息片刻即可恢復正常，殊不知這就是缺氧所引發身體不適應的警訊。

心靈缺氧時的呼吸表現

無聲無息式　無聲無息的人，平時妳也很少聽到她的聲音。她和妳在一個房間裡，妳幾乎感覺不到她的存在。這種人的呼吸方式很微弱。過於微弱的呼吸方式造成了身體缺少氧氣，不能提供更多的能量，因此這類的人通常缺乏活力毫無朝氣可言。

悶悶不樂抑鬱式　抑鬱的人心情壓抑，身體姿勢通常是含胸駝背。導致了胸腔比較狹小，呼吸的氧氣也就不足。因此對於抑鬱症患者，醫生會建議他們每天多做深呼吸，多做運動，以增加獲氧量。

焦慮式　通常焦慮的人，表面上好像很活躍，其實內心是不輕鬆的。比如他們說話常常很快，一口氣劈里啪啦一直說，說到沒有力氣了才想到要換氣。焦慮的人呼吸一般僅停留在胸部，並沒有進入腹部，因此呼吸很淺，所以氧氣也就不夠。要改善焦慮，就要好好學會把吸入的氧放到腹部，放到丹田。讓心能夠真正寧靜下來，所有的疑慮與紛擾都會隨著時間而消逝，即使當初是多麼生氣、悲傷、激動、憤恨、無助……。時間是最好的治療師，因為時間除了能讓人淡忘，事過境遷後的冷靜，更能讓人思

考與成長，至於其他的治療方式，如果沒有時間的孕育與催化，還是得不到預期的療效或成果。

缺氧症候群自我檢測

妳是否常關心自己及家人的身體健康？有沒有常常觀察自己和家人是否有亂發脾氣的徵兆？若能隨時留意情緒的變化，這樣缺氧症候群就不容易找上門！這裡建議讀者可做缺氧症候群的自我檢測。

缺氧症候群有下列徵兆（只要有下列四個以上徵兆者，妳就是得主囉！）

以上檢測，只要有1～4項者，請多多至郊外呼吸自然新鮮空氣，並做規律運動，增強心肺功能，提高體內的氧含量。5～9項者，表示體內已有明顯缺氧症候群，請加強自身保健。有10項以上者，屬於中度甚至嚴重缺氧症候群，請儘快去就醫。

有氧，是能夠給自己有呼吸的空間、給彼此有自我的空間。

缺氧症候群自我檢測表

□ 一早起床，就感覺精神很差

□ 氣色不好、面有倦容

□ 反應力變差、身體不靈活

□ 整天感覺疲倦、無力、懶洋洋

□ 記憶力變得不好，容易健忘（丟三落四）

□ 身體沒有理由莫明的一直發胖

□ 工作效力下降，常常力不從心

□ 注意力無法集中、思考能力明顯下降

□ 胸口悶，心慌不安，感覺鬱鬱寡歡

□ 煩躁不順、容易生氣、情緒極度不穩定、看誰
　都不順眼

□ 容易抽筋、肌肉痙攣、手指不聽使喚莫名顫抖

□ 蚊蟲最愛叮咬的對象

□ 頭皮癢、頭皮屑異常多

☐ 突然特別愛吃甜食、肉類或飲料

☐ 睡眠不好，常伴隨著失眠

☐ 口腔容易發炎潰爛

☐ 食慾變得很差

☐ 感冒頻頻、容易發燒、容易過敏

☐ 喉嚨常發炎、牙齦很容易出血

☐ 傷口很難癒合、皮膚容易感染

☐ 便秘、胃痛或胃潰瘍

☐ 腰部常常酸痛不舒服

☐ 老年癡呆症

☐ 罹患高血壓或低血壓

二、老化

女人究竟怕什麼？女人就怕老！怕視力減退、怕髮色變白、怕肌膚鬆弛、怕皺紋加深、怕體力不繼……。不論是頭髮變質、視力減退、體力不濟、皮膚失去光澤彈性還是皺紋加深，這些都是因為細胞老化缺氧所啟動的整體表現，任誰也無法抵抗。

什麼是缺氧的肌膚？面黃肌瘦無血色、嚴重黑眼圈（熊貓眼）、肌膚乾燥無光澤、面部皺紋橫生、毛孔粗大、粉刺痘痘一籮筐，這些都是肌膚缺氧的明顯表現。相反的，若體內血液中含有足夠的含氧量，妳自然就變得漂亮。根據調查，目前女生們最在意的肌膚問題，已從傳統的保濕除皺，跨越到抗老返童「保氧」的保膚議題。

細胞缺氧的原因

現代女性面臨許多疾病危機，如乳癌、子宮頸癌等。罹患率不僅逐年飆高，甚至還有年輕化的趨勢。無論妳是二十多歲正值青春，或者開始步入中年，甚至已經準備要迎接銀髮更年期，妳會發現身體內的各種荷爾蒙的運作，其實皆掌握著自己健康甚至

美麗的關鍵。身為女人，我們確實得學習並懂得與荷爾蒙和諧相處的生活策略。譬如老化的問題！其實都是細胞老化缺氧所惹的禍，原因說起來還真不少，但歸納起來有以下這些：

基因機能學說 人體正常的細胞是能自行修補再生，當發生了突變或損傷，年輕的時候細胞修復能力比較強，隨著年紀越老就逐漸失去修護的能力，體內衰老細胞不斷堆積，使得新細胞跟著失去生機，人也就隨著機能衰退而逐漸老化。

染色體學說 有許多研究顯示，老化與細胞中的染色體末端和粒線體有密切關係，當細胞分裂再複製新細胞時，粒線體便會短少一點，直到無法再維持細胞的正常分裂時，就會導致細胞的老化與死亡；而粒線體具有穩定染色體的功能，缺乏時會干擾細胞的正常運作與分裂，而細胞的正常功能被擾亂的話，會導致身體的衰敗與老化。

自由基學說 人體必須經由大量氧分子才能維持正常的新陳代謝、維繫生命的延續，不過在新陳代謝過程中，因為氧化作用卻會產生「自由基」，自由基在體內會破壞其他正常的細胞，甚至攻擊正常細胞，造成細胞衰老、死亡，間接使人體抵抗力變

差。自由基的影響是目前關於老化研究中最受重視與較值得採信的。

　　葡萄糖焦化學說　人類的能量轉換以葡萄糖為基礎，在新陳代謝過程中蛋白質與葡萄糖發生作用產生黏合，這些黏稠物質會逐漸囤積阻塞在體內，無法自行處理排出體外時，最終導致細胞失去正常的機能，逐漸衰敗，就造成細胞老化。此外葡萄糖衍生的物質還會製造更多的自由基，兩者聯合破壞正常細胞，加速人體的老化的形成。

　　荷爾蒙學說　在老化問題上，荷爾蒙扮演著生理發育的時鐘，如青春期、更年期等，體內荷爾蒙分泌似乎提醒著每個個體應該到某個時段做應該從事的事情，因此，荷爾蒙也是影響人體老化的重要因素。

　　此外，會影響到身體內分泌、染色體、基因及化學反應機制的：還有來自四面八方的壓力、輻射線傷害甚至日益嚴重的肥胖問題，也成為細胞老化的幫兇。

三、酒害

　　酒醉（攝取過量的酒精呈現酩酊狀態），其實是一種缺氧的狀態。由於酒精會在體內因氧氣被分解而形成二氧化碳及水，酒喝得越多體內氧氣就越被消耗掉，所以想消除酒醉就必須充分攝取氧氣。

四、菸害

　　菸有許多有害物質，會讓肺部麻痺，會使肺部的細纖毛失去作用，而且菸中的有害物質跟毒一樣，一旦進入人體肺部之後就無法從人體排出來，就像一塊乾淨的海綿沾到黑墨汁後，就會整塊快速變黑。到目前為止，醫學上也沒有任何藥物可以將肺部內的毒排出。當妳吸菸越吸越多時，有毒物質會慢慢囤積在妳肺部裡，在年輕的時候或許感覺不到不舒服，當年紀越來越大時，人體功能隨之衰退，免疫能力會慢慢變差，到時候就會感覺到肺部出現問題，到哪個時候再戒菸，就為時已晚了。

吸菸對健康的危害

1. 會導致癌症。世界衛生組織證實30%的癌症與吸菸有

關，包括：肺癌、口腔癌、喉癌、舌癌、食道癌、胰臟癌、肝癌、腎臟癌、膀胱癌等。

2. 會導致心臟血管疾病、容易引起中風。

3. 會導致氣喘（因肺部構造被菸破壞）、呼吸不順暢，痰變多不易咳出（肺部肌肉彈性被破壞，導致慢性阻塞性狀況出現）、咳血（肺部纖維化，肺部肌肉組織變得很脆弱，容易咳破血管）、肺氣腫、慢性支氣管炎等呼吸道疾病。

4. 容易發生消化性潰瘍或發炎，潰瘍易復發。

5. 會導致牙齒及手指變黃，使皮膚易產生皺紋、黑斑、老化及變薄。

6. 會導致性功能及生育能力降低。

7. 會導致更年期提早來臨並易罹患骨質疏鬆症。

8. 易導致胎兒早產及容易生出畸形兒，或生出體質比較有問題的嬰兒，甚至造成流產機率提高。

9. 老化（肺部細胞被破壞，肺部主要提供空氣，當肺部出現問題，整個身體的細胞吸收養分出現問題，會出現比一般人更提前老化的現象）。

　　10. 免疫力下降（肺部細胞被破壞之後，會慢慢引響其他重要器官，導致整個身體平衡失調，免疫力逐漸下降而變差）。

　　11. 容易感冒。當免疫力下降，體內的壞細菌會上升，好細菌就會下降，便容易生病，也很容易被人傳染，如果再加上肺部有纖維化現象，只要染上感冒就得住院治療。

香菸成分所產生的有害物質：

　　1. 尼古丁（類似殺蟲劑的物質，會破壞細胞組織）。

　　2. 焦油（相當於瀝青，像一般鋪柏油路面的物質）。

　　3. 福馬林（保存屍體使用，讓妳器官完全失去功能）。

　　4. 丙酮（指甲用的去光水）。

　　5. 氰化物（毒老鼠主要成分之一）。

　　6. 一氧化碳（汽油燃燒之後所產生的有毒廢氣）。

　　7. 酚（漂白水中含有的消毒劑）。

　　8. 砷（砒霜中成分之一，有毒物質）。

五、其他

穿衣太緊，皮膚會缺氧

日常生活中切忌穿狹窄瘦小的衣服，尤其領口、腰口、襪口，以免皮膚缺氧，影響身體健康。

妳不可不知

性高潮的叫聲

在做愛時，有的女性會發出叫聲。一般人認為只有娼妓或蕩婦，才會浪聲浪氣地喊叫，品行端正的女性怎麼會叫出聲來呢？其實這完全是一種偏見，或者是缺乏常識。有些女性做愛時會發出叫聲，是因為達到性高潮時產生快感所致，是自然的感情外露，絕非矯揉做作。就生理學而言，女性在性愛中發出叫聲有兩點原因：一是因為接近或達到性高潮時，血中的含氧量會減少。這時候，女性便會陷入輕微的缺氧狀態，而呈現出眼睛失神、視線模糊、身體輕度痙攣等一系列所謂「性高潮症狀」。二是血液中的含氧量減少，二氧化碳就會相對增加，因此，呼吸必然會加快，呼吸一旦快而紊亂時，當然就會自然發出特有的叫聲了。

　　領口太緊會影響心臟向頭頸部運送血液，壓迫頸部的頸動脈竇中壓力感受器，透過神經反射，引起血壓下降和心跳減慢，使腦部發生供血不足，出現頭痛、頭暈、噁心、眼冒金星等症狀，尤其是患有高血壓、動脈硬化、冠心病、糖尿病的人，很容易發生暈倒甚至休克。

　　腰口太緊不僅束縛著腰部的骨骼和肌肉，影響這些部位的血液流通與營養供應，而且會使腰痛加重。另外，過緊的腰口把腹腔裏的腸子束得緊緊的，使腸子不能透過蠕動來消化食物，腰部和腸胃有病的人絕對不適合長期穿腰口太緊的褲子。

　　襪口太緊會使心臟營養的血液不能順利往腳部流，也不能使腳部含廢物的血液往心臟流，時間長了，便會引起腳脹、腳腫、腳涼、腿腳麻木無力。俗話說：「養樹護根，養人護腳。」說的就是這個道理。

　　可以隨性，但不隨便；可以率性，但不任性；
　　可以有個性，但不能不講道理。

1-4 氧氣補充包：
如何補充身體各部位氧氣？

女性朋友不可缺少的養分

一、氧

　　人體呼吸中樞對缺氧的敏感性相較下對二氧化碳來得低。當人體缺氧就會刺激體內化學感受器，增加個人的通氣量；同時促使動脈血二氧化碳分壓下降，產生呼吸抑制作用。對心臟及血液循環的影響尤其大：會造成肺小動脈痙攣，產生肺動脈壓升高。使心臟排血量增加，心率加快，血壓快速升高。如果持續嚴重缺氧，體內能量產生障礙是會引起心肌收縮無力導至心肌細胞內酸中毒，最後形成心肌不可逆性損害，即是一般所稱心肌纖維化。

　　體內嚴重缺氧時對細胞代謝和電解質易造成失衡現象；此時粒線體的能量代謝轉換為無氧代謝，在無氧酵素分解時產生ATP的數量只相當於有氧代謝的1/20，不能滿足細胞生存和完成各種

功能進行的需要，進而會引發一連串代謝問題，以致於代謝性酸中毒，又由於ATP的大量缺乏，鈉泵功能遭到嚴重破壞，此時鉀離子由細胞內自動移出進入組織間液和血液當中，使細胞外鉀離子快速增加，鈉離子和氫離子又進入細胞內，造成身體細胞內酸中毒。

缺氧究竟對人體損害有多麼嚴重？嚴格說來不完全決定於缺氧程度，而是決定於缺氧的速度和持續的時間。除此之外，人體組織供氧程度決定於血液中的氧含量和供給組織的血流量是息息相關密不可分。當皮膚黏膜缺氧時會產生多種顏色變化以示警告！就看當時缺氧的原因為何？如果身處高原、高空等低氣壓下，或通風不良的工作環境、公共場合。我們所能吸入的氧氣含量過低，導致體內氧氣不足；造成呼吸肌肉麻痺影響肺部功能進行而引發胸腔疾病；呼吸及肺泡換氣不順暢這一連串反應皆因缺氧所引發。

一般女性皮膚始終黯沉帶點蠟黃又灰、暗紫、一般較常見於動脈血液中含氧量不足，促使血液中血紅蛋白減少，暗紅色的去氧血紅蛋白使皮膚黏膜呈青紫色，一些先天性心臟有缺陷的人常出現此景。

　　如果是一氧化碳中毒，體內產生大量的碳氧血紅蛋白（HbCO※），由於HbCO呈櫻桃紅色，皮膚黏膜也就呈現該種顏色。或是在大劑量放射線照射造成細胞損傷時，使得細胞的生物氧化過程出現障礙，組織氧含量高但卻不能被好好的利用，微血管內血紅蛋白高於一般正常時，皮膚黏膜則會呈現出玫瑰紅色。

二、鐵

　　女性從生育年齡到更年期，生理功能從成熟轉為衰退，所需的營養素亦跟著變化。比如每月來潮導致經血流失，鐵質的補充不可少。而停經後所需鐵質較少，攝取過量也會影響健康。

※ HbCO（ATP、粒線體）細胞內部有專門從事能量合成與供應任務的單位，那就是「粒線體」。粒線體所合成的能量，稱為ATP，ATP也就是所有生物能量的來源。簡單來說，肌肉細胞有ATP提供的動力，肌肉才會收縮，產生心跳，帶動血液循環，帶動骨骼，使身體得以活動；人體神經系統產生訊號也是仰賴ATP所提供的能量。當人類在遇到緊急危難時，會分泌腎上腺素，腎上腺素的作用是：讓心跳加快，血液迅速湧入肌肉並指示肝醣分解為大量葡萄糖提供身體所需的血糖。不過光是這樣還不足以產生超人般的力量，真正超人能量的來源，正是儲存在肌肉裡的立即能量──ATP。

ATP除了靠燃燒葡萄糖或脂肪產生之外，人體還會在肌肉內儲存緊急備用ATP以備不時之需，就像高能量電池一樣，必要時使我們的能量激增，能在短短的幾秒內創出爆發的能量，讓人迅速脫離險境。在有氧的運動中，肌肉利用在血液之內的氧、葡萄糖與脂肪酸產生ATP。

　　鐵質為製造紅血球之主要成分，紅血球將吸入之氧氣由肺部輸送至全身細胞，以進行氧化作用產生身體所需能量。缺乏鐵質會影響紅血球製造，造成貧血及供氧不足，易疲勞、面色蒼白、抵抗力弱、記憶力變差、老化加速。長久不治，會導致心臟衰竭。

　　食物來源的鐵質最為理想，必要時可補充鐵劑。富含鐵質之食物包括紅肉、肝臟、貝類、雞蛋、豆類、綠葉蔬菜、黑木耳、全穀類、乾果等。配合水果進食更佳，因水果中的維他命C能增進鐵質吸收。但需避開咖啡或茶等飲料，因咖啡中的多酚類與茶葉中的丹寧酸會影響腸道對鐵質的吸收。停經後婦女所需鐵質較少。除非醫生特別建議補充鐵劑，否則服用綜合維他命時選擇不含鐵質為佳，因鐵質過高會影響鈣質的吸收。芬蘭及美國研究表示，過量的補充鐵劑容易提高心血管疾病的罹患率。

三、鈣

　　鈣是構成骨骼主要成分，若鈣質攝取不足，容易造成骨質疏鬆症導致骨折，嚴重者還會危及生命。懷孕、哺乳期更應攝取足夠鈣質；若鈣質不足，不但影響嬰兒健康與發育，自身易導致腰

酸背痛、腿部抽筋等不良反應，至年老時造成骨質疏鬆症。

　　進入中年後骨質開始流失，停經後流失速度加快。美國國家骨質疏鬆症基金會資料顯示，骨質疏鬆症患者八成為女性。醫師建議，年輕時就該攝取足夠的鈣質，儲存足夠骨本，以降低年老時罹患骨質疏鬆症的風險。再者，年長婦女應避免過度飲用含咖啡因之飲料（如咖啡或茶等）或抽菸，這些因素都可能影響骨質密度，而造成骨質疏鬆。女性每日所需鈣量因年齡而異，通常為1000到1500毫克。牛奶及奶製品富含鈣質，特別是牛奶，易為人體吸收。還有豆類及豆製品、小魚、小魚乾、蝦、蠔、蛤、黑芝麻、黑木耳、紫菜、芥藍菜、莧菜等均含豐富鈣質。若擔心飲食上未能獲取足夠的量則須考慮補充鈣劑。

四、維他命D

　　維他命D能促進小腸對鈣、磷的吸收，以達到強化骨骼的目的。陽光中的紫外線，能使皮膚內的脫氫膽固醇轉化為維他命D。研究顯示，人體約90％的維他命D須經由日曬獲得，因此人稱「陽光維他命」。每日適度的日曬，加上適量的攝入含維他命D之食物，即能產生足夠的維他命D。維他命D之主要來源為牛

奶、奶製品等。上年紀婦女，因自行合成維他命D的功能減弱，
加上腸道功能也逐漸衰退，對鈣的吸收力也隨之變差。此外，
防護紫外線傷害的防曬霜亦擋掉了陽光，以致影響維他命D的取
得。為彌補這一損失，婦女們可考慮攝取含有維他命D和鈣的綜
合維他命。年過50歲的婦女們，每日所需維他命D量最好維持在
400單位。

五、維他命B$_6$和B$_{12}$

維他命B$_6$有助紅血球製造及代謝。B$_{12}$有助於維持神經細胞健
康、紅血球細胞的發展、維持心血管健康。維他命B$_6$或B$_{12}$缺乏都
會造成貧血。B$_6$和B$_{12}$通常存在於動物性蛋白質中。大多數年紀稍
長者，因胃腸機能衰退吸收力差，肉類攝取量少，咀嚼差，故較
易缺乏B$_6$和B$_{12}$。建議服用綜合維他命補充劑來加強。調查指出，
年長者B$_6$攝取不足，會影響免疫力、認知能力。英國牛津大學研
究亦指出，年長者B$_{12}$不足，腦容量可能快速萎縮而致癡呆。最近
日本大阪大學發表研究顯示，B$_6$、B$_{12}$及葉酸食物攝取量不足，會
提高罹患心肌梗塞比率。含維他命B$_6$的食物包括雞蛋、鮭魚、馬
鈴薯、香蕉、燕麥、糙米、花生、小麥胚芽及蜂蜜等。含維他命

B_{12}的食物包括奶製品、雞蛋、全麥、糙米、海藻。中草藥中的當歸、明日葉亦含B_{12}。

六、葉酸

葉酸屬於維他命B群中的一種。懷孕或準備懷孕者應多攝取葉酸。研究證實，缺乏葉酸會導致嬰兒腦部和脊椎缺陷。美國聯邦食品及藥物管理局（FDA）於1998年就規定，所有食品製造商於麵粉、麵包、穀類等製品中添加葉酸。全穀類包括裸麥麵包、糙米和燕麥片則不必添加，因其已含有天然葉酸。除了葉酸補充劑外，蔬菜中綠色蔬菜葉酸含量高，如菠菜、綠色花椰菜、萵苣、油菜、香菜、蘆筍等。葉菜顏色越深綠，其葉酸含量越高，其中以菠菜最高。水果柑、橘、柳橙、奇異果，瓜類、豆類等葉酸含量也很豐富。

七、β胡蘿蔔素

胡蘿蔔素具抗氧化效果，保護人體，對抗破壞細胞的自由基，預防心血管疾病及癌症。胡蘿蔔素主要來自綠色或橘黃色蔬果，如菠菜、韭菜、蘿蔔葉、茼蒿、胡蘿蔔、紅蕃茄、杏、木

瓜、香瓜、南瓜、甘藷、芒果等。胡蘿蔔素攝取過量會使皮膚變黃，尤其是手腳，稱「胡蘿蔔素血症」，停止食用後，慢慢會自動恢復。

八、Omega -3脂肪酸

女性因有女性荷爾蒙之雌激素，能夠保護心血管健康，使血管比較不易阻塞、硬化。然而上年紀後荷爾蒙分泌減少或停止，脂肪易堆積在血管壁，心臟病、中風等風險也升高。Omega-3脂肪酸已被證實可調節血脂肪、降低膽固醇、預防心血管疾病。鮭魚和鮪魚都富含Omega-3脂肪酸。純柳橙汁通常也添加Omega -3脂肪酸。魚油膠囊亦能提供所需的脂肪酸，懷孕、哺乳期、有出血症狀（如手術前後、月經期等），或服用抗凝血劑或其他藥物者，務必在醫師指示下才可服用。人從盛年走向衰老是自然的規律。中醫理論講生理健康與心理健康相互影響、相互制衡。除了注重良好生活飲食習慣、適當的補充營養劑及適度的運動，熱愛自己生命、不焦慮、不緊張、笑口常常開、時時保持祥和之氣、寬容對待一切人事物，一定能讓我們活得更健康、更快樂。

秀髮缺氧怎麼辦？

　　秀髮可說是女性的第二生命，也是致命的吸引力，擁有一頭烏黑亮麗的秀髮不僅令人稱羨，更是髮質健康的最佳象徵。不僅如此，頭髮也是我們身體重要的一部分，頭髮最重要的功能就是保護我們的頭部，使我們不會直接受到外來的侵害。臨床上發現，頭髮有時候變得乾燥、無光澤，或是開始出現白頭髮，更嚴重者還會掉髮或禿頭。這些狀況皆會隨著人們年紀、疾病、缺氧、生活習慣、工作壓力及飲食營養攝取不均直接影響著我們的髮質變異及好壞。

一、常見影響髮質好壞的因素：

　　疾病：某些疾病會造成禿頭的危機，例如糖尿病、甲狀腺功能異常等。此外，當一個人患有貧血時，血液中的氧含量不足，血紅素自然不足，供應到髮根的營養相對也就不足，這時頭髮生長的速度就會變遲緩，髮質會乾燥沒有光澤。或是有一些人長期服用抗生素、長期臥病等都會造成髮質變差的原因。因此，頭髮確實可以作為我們身體健康與否的指標之一呢？

　　情緒緊張：現代人幾乎個個工作壓力大，精神常焦慮緊繃，當人情緒一緊繃就會造成壓力荷爾蒙快速上升，新陳代謝及血液循環變差、血管不通不順暢，髮根可以吸收到的養分自然變少，毛根無法正常發育，就有可能導致頭髮組織老化也就是頭髮變白的情形。更嚴重的人，甚至會產生圓形（禿）脫髮症。

　　營養不足：有些女性朋友的飲食習慣極為兩極化，不是喜歡大吃大喝就是節食過度。對於喜歡大吃大喝的人來說，如果攝取過量的脂肪，其實會影響體內荷爾蒙的分泌，反而會有大量掉髮脫髮的現象。相對於節食過度的人，油脂分泌不夠也會產生掉髮問題。

　　生活習慣：幾乎所有燙過頭髮的人都知道，頭髮燙過一段時間後，就會變得乾燥、焦黃分叉，這是因為受到強力燙髮劑的侵蝕加上高溫化學作用的刺激，髮根受到嚴重損害缺氧所造成。

二、美髮保護秘訣：

　　從頭髮的結構來看，頭髮的主體其實是一種角質化的蛋白質，日常生活的飲食不正常如偏食、營養不良等，都會造成髮質

不健康。

　　足夠充分的蛋白質、攝取含碘的海帶、紫菜及含豐富維他命E的薏仁和芝麻，都是足以令頭髮烏黑及促進生長的好幫手。攝取含鋅的食物也能改善白髮和掉髮，例如南瓜子及麥芽等等，都是非常不錯的選擇。

　　梳子最好選擇豬鬃製的，它跟人體毛髮比較相近，不會產生靜電作用，玳瑁、木製材質次之。另外，選用圓齒梳比較不傷頭皮。

　　梳頭髮的力道要適中，常梳頭髮可以彈落附著在頭髮上的灰塵、頭皮屑，更可以刺激頭皮血液循環改善髮質。（梳髮產生靜電時，可以噴些水讓頭髮濕潤後再梳，如此一來好梳又不傷髮質）。

三、視力缺氧怎麼辦？

　　妳是不是有時候會覺得自己的視力模糊、看不太清楚，感覺好像是視力減退，其實即使是近視這麼普遍的症狀，都極可能造成往後罹患某些眼部疾病的高危險群。大部分的視力減退，除了

疾病因素造成之外，大多是因為用眼過度，造成眼部周邊肌肉緊繃受到擠壓所致，這是一種短暫缺氧現象，只要適度給予休息都可以漸漸好轉。

常見影響視力減退的因素：

疾病因素：高血壓、糖尿病、青光眼及白內障都會造成視力減退。以最普遍的眼病白內障來說，就是眼球晶狀體中所含的透明質酸（黏多醣）對於眼睛玻璃體的透明性產生病變，直接對眼睛造成極大的影響，例如：氧化、白濁、東西看起來模糊不清的症狀。比較常見的是老年性白內障，隨著年紀漸增罹患機率就越大。另外，年過40歲後，要注意青光眼這個眼疾，主要是因為眼壓過高，造成視野狹窄所致，大部分都是慢性不自覺，不盡快就醫治療小心持續惡化恐有失明的危險。

生活壓力：工作過於忙碌或是用眼過度缺氧，都會造成眼睛疲累，眼睛肌肉過於緊繃，最常見的症狀就是上班族眼睛佈滿血絲。再加上智慧手機、電腦、網路的普及與使用，長時間專注在螢幕前工作，更是加重眼睛的負擔。營養失衡，營養狀態與近視的惡化也是息息相關。視網膜的老化會影響視力減退。這是因為

近視時，當睫狀體的血管血液循環不順暢時，營養又無法適時補足就會促使近視加速惡化。

強化視力的秘訣 ：

最好的辦法就是吃得健康與適度有氧運動。

飲食方面：可以大量攝取增強抗氧化作用的食物，例如含豐富胡蘿蔔素的食物或含豐富維生素A、C、E及礦物質的硒及鋅、鎂。此外，可以多攝取眼睛組織中含量較多的葉黃素和玉米黃素食品，這些在菠菜、甘藍菜等深色蔬菜中都可以獲得，甚至可以搭配茄紅素、藍莓、DHA、醋栗等一起攝取，對於預防及照護視力有非常好的效果。

運動方面：做全身性的運動不但可以減少壓力荷爾蒙，也可以舒緩全身肌肉，連我們眼睛的肌肉也不例外。快走、散步、慢跑、騎車等，每天至少30分鐘，因人而異可以適度增加或減少運動的時間和強度。一般可以中度程度運動量來評估，就是心跳率為（220－年齡）×70%作為依據。

視力有氧保健操

平常適度做眼睛有氧保健操（隨時隨地皆可進行，並沒有次數限制），首先！就是先將手洗乾淨，以手指指腹順著眼睛周圍輕輕按摩穴道，切記當眼睛疲勞時不可以直接按摩刺激眼球或搓揉眼球，否則容易受傷。

四、體力不支怎麼辦？

妳是否也常常感到全身無力、容易疲倦，甚至有點體力不濟？人體的精力與活力常常因為工作太操勞，加上沒有規律的有氧運動習慣，頻頻熬夜睡眠又不足，或習慣飲用咖啡或其他提神飲料導致體力消耗殆盡。一天下來，回到家往往覺得疲憊不已，甚至有時候坐在客廳看電視隨時可能不知不覺地就睡著了。

體力不濟的因素

疾病因素：罹患糖尿病、貧血、肝腎功能較差，或常常容易生病、體質較差的人，體力上不比健康的人來得好，容易覺得疲累，常需要更多的時間好好休息。

運動不足：雖然大多數的人都知道運動的重要性，若是沒有養成習慣性仍然無法做到提升活力之效果，長期缺乏有氧運動不僅新陳代謝變緩變慢，甚至體力也會愈來愈差。

減肥因素：女性減肥過度也會造成體力不繼，尤其選擇以吃蔬果方式減肥的朋友們，導致有四分之一的女性缺鐵，造血出問題氧氣自然供應隨之遞減。

缺乏休息：不論忙於工作或事業，適度的休息一定可以幫助體力的提升，藉由短暫的午睡片刻時間，即使是五～十分鐘都比不休息來得有精神活力。

提高體力的秘訣

想要讓自己每天精神奕奕、元氣滿滿，整體看起來生活有朝氣有活力，不妨從下列方向著手：

避免攝取過多含咖啡因等刺激食物：咖啡喝太多會讓人產生依賴性，甚至還會導致鈣質快速流失。

維持正常作息：減少加班熬夜，因為長期的睡眠不足會擾亂新陳代謝的作用，也容易併發其他疾病。

　　多攝取蔬果、維生素B群及全穀類食物：可以有助於身體代謝之外，亦可提升元氣恢復精力。建議妳可以從食物全穀類製品如全麥麵包、糙米、南瓜、深綠色蔬菜、番茄、杏仁、鱈魚、香蕉等多攝取。

　　養成運動好習慣：運動可分成「有氧運動」和「無氧運動」兩種。有氧運動是指，運動時所消耗的能量來自有氧的代謝，也就是這種運動需要消耗大量的氧氣，例如走路、跑步、游泳、球類運動、騎自行車等等。有氧運動會燃燒葡萄糖及體內儲存的脂肪。有氧運動是指利用身上大肌肉群所做的長時間，且持續性的活動（最少15分鐘以上），並達到特定的運動強度。由於運動的時間長，在其代謝途徑中產生能量的方法需要氧氣的供給，因此可以強化心肺耐力，達到訓練心肺功能的效果，還可消耗身體已儲存的多餘脂肪。所以對想減肥的女性朋友們是有幫助地。長期有效的從事有氧運動，除了能達到減少脂肪外，肌肉進而變得結實、心肺功能獲得良好的改善，還可增加活力、舒緩壓力、放鬆心情。

　　至於無氧運動是指運動時所消耗的能量是來自沒有氧氣的代謝，是指肌肉在「缺氧」的狀態下高速劇烈運動，此種運動比較

不會燃燒脂肪，例如：跳高、跳遠、拔河、舉重、肌力訓練（仰臥起坐）等。

皮膚缺氧怎麼辦？

女性隨著年紀漸增，加上外來環境的多變，問題皮膚的狀況反映在不同年齡層也會有所不同。

青春期階段：

青春期這個階段油脂分泌比較旺盛，最容易有青春痘的困擾。青春痘是指皮膚毛囊皮脂腺發炎，陸續在臉上長出粉刺、膿胞、痘痘等，除了在臉部之外，背部也常是青春痘好發部位。不正常的暴飲暴食，喜歡吃高油脂的食物，如炸雞、薯條、甜甜圈等油炸物，都容易造成毛孔阻塞，刺激青春痘的形成，還有一些是因為本身油性皮膚或清潔不當所引起，促使毛孔阻塞不順暢。

因應之道 ▶▶▶

　　每天做好洗臉清潔動作：尤其夏天容易出油，選擇溫和簡單有足夠清潔力的產品即可，切記不可以太過用力的洗臉方式洗臉，只會使肌膚更加脆弱敏感。

　　飲食選擇清淡為主：避免油炸、辛辣、高熱量的食物，多吃富含維生素C的蔬果，可以提升膠原蛋白的形成；另外維生素B_2、B_6可以有效抑制皮膚發炎作用，建議可以從牛奶、蔬菜（高麗菜）、酵母、蛋、胚芽、芝麻等攝取。

熟女階段：

　　這階段的女性朋友們，荷爾蒙分泌是最穩定的，但是有些人還是會長痘痘，要知道青春痘並不是年輕人的專利，成年人還是會冒出痘痘，這與長期處於壓力狀態有關，因為處於壓力狀態下，腎上腺分泌出腎上腺素以因應壓力，同時也會影響雄性激素刺激皮

脂腺分泌，長期累積就會冒出痘痘了。再加上許多女性長時間化濃妝，萬一又選擇不適合膚質的劣質化妝品，長時間滯留在臉上就容易形成毛細孔阻塞，痘痘不消反而加速惡化呢。

因應之道 ▶▶▶

如果妳的膚色一直是暗沉、無光澤，代表妳的皮膚新陳代謝變慢，血液循環欠佳，如果沒有定期去角質消除表層脫落的廢棄細胞，膚色就會粗糙、沒有光澤。此外，生活壓力所造成的便秘也會影響皮膚不均勻且暗沉，因為便秘毒素無法順利排出，以致影響皮膚的新陳代謝！

加強臉部清潔：洗臉後可用保濕乳液在臉上輕輕按摩，促進臉部血液循環。定期每週固定去角質一至兩次，選擇溫和的去角質霜，可以有效將老廢角質層排除，並且使用面膜增加肌膚的飽水度及保濕，膚色就會呈現光澤好臉色嚕。

可以多食用含有豐富膠原蛋白的食物：膠原蛋白的作用是擁有保濕功效，可以讓肌膚看起來水嫩剔透。像白木耳、山藥、秋葵等食物都是不錯的選擇。

多攝取膳食纖維有助通腸：膳食纖維可以促進腸胃蠕動有效防止便秘，例如高纖維食物：竹筍、柑橘類、南瓜、木瓜、香蕉、五穀飯等。

更年期階段：

女性四十歲以後，荷爾蒙分泌逐漸減少，大約四十八至五十二歲之間是更年期好發階段，這時候可能會有經期不規則、月經次數變少、月經量過多或過少，甚至熱潮紅、有時還會有心悸現象，甚至有情緒不穩定容易發脾氣、沮喪、憂鬱等症狀。皮膚上也開始出現老化現象，膠原蛋白合成能力下降，皮膚缺乏彈性、產生明顯的皺紋、暗沉、鈣質流失快速，造成骨質疏鬆等問題。

因應之道 ▶▶▶

　　補充大豆異黃酮、黃豆類製品：各種植物性油交替攝取（葵花油、橄欖油、花生油等等），可以獲得荷爾蒙的原料補充。另外十字花科食物如甘藍菜或是山藥等，也都是補充女性荷爾蒙等不錯的食材。

　　加強攝取抗氧化食物也能延緩細胞老化速度：例如維生素A、維生素B$_6$、維生素C、維生素E及礦物質的硒及鋅。

一、皮膚老化全面補給：

　　女人最怕的就是面對變老的事實，不過變老只是身體發展的一種過程，如果可以從生活當中積極做好防範，變老變醜等老化現象，就可以延遲發生或不至於太過明顯。一般說來，造成皮膚老化的原因可分為兩類：一是內因性老化，二是外因性老化。內因性老化是指隨著年紀增長，女性過了二十五歲之後，膠原蛋白

就會逐漸流失，肌膚開始出現老化現象，而體內的細胞也漸漸開始運作緩慢。外因性老化則是指我們的不良生活習慣和環境因素引起，例如抽菸、喝酒、熬夜等不正常生活作息、工作壓力，還有紫外線等等。

避免皮膚老化因應之道

避免菸害：無論是抽菸或者是吸二手菸，菸害是造成肌膚缺氧的最大原因，人體不但容易因為菸害影響健康，當吸入過多的二手菸，身體內的含氧量也會因此降低，臉上肌膚也會因缺氧作用變得灰暗無光澤。

避免酗酒：雖然少量的酒可以使人釋放壓力，但現實生活中，當血液中酒精含量超過0.1％時，會促使體內的自由基快速增加，造成肌膚缺氧狀況，當然麻煩就隨之而來。

避免熬夜：充足的睡眠才能找回流失的氧氣。記得每天晚上10點到凌晨2點是體內細胞能量休息的最佳時刻，最好此時能進入夢鄉，對於經常要熬夜的女性朋友們，如果常因工作需要妳不正常地熬夜，千萬不要忽略中午寶貴的午休時間，如此才能增進肌膚新陳代謝，身體才能順利排出老廢毒素，進而使妳的肌膚保

持在最佳狀態。

避免環境污染：紫外線、空氣污染、水質等環境污染問題，這些都是容易造成肌膚含氧量降低的因素，並造成肌膚內水分與能量失衡，影響體內自我循環的能力，環境污染直接地造成肌膚缺氧，使得肌膚變得乾燥、暗沉、失去彈力。

避免誇張的笑容：常常誇張大笑的人，皺紋會過度產生，臉部魚尾紋因而比較明顯。

二、美麗肌膚保氧撇步

清潔為活膚之本：清潔分成卸妝及洗臉。化妝的人可使用卸妝乳，或含植物性油及天然乳化劑的卸妝油，卸妝後還得再用洗面乳徹底清潔一遍，重點是避免妝卸得不乾淨造成日後毛孔阻塞。（在此提醒：沒化妝的人，因為空氣中含有油溶性髒污，出門後一定也得用可去除油垢的洗面乳或洗面皂洗臉。）

使用去角質產品開啟呼吸之窗：想找回光亮的面子，去角質跟卸妝及清潔是一樣重要，它同時可以提高表皮含氧量。（在此提醒：顆粒狀磨砂膏容易用力過猛或次數頻繁，刺激表皮細胞增

生，反而造成角質生長，建議一週不要超過1次。）

　　按摩可以適時創造臉部有氧：適度臉部按摩或是照鏡子做臉部運動（可以多做和緩的臉部表情），能放鬆臉部肌肉以促進血液循環，降低皺紋的發生。再利用手指指腹按摩臉部做有氧運動，可促進分布在臉上的淋巴循環順暢，加速排出廢物，揮別黯沉，讓細胞復活的好方法。（在此提醒：可搭配適合自己膚質的保養品或按摩霜幫助臉部做有氧運動，效果更佳）

　　敷臉加速血液循環補充氧氣：敷深層清潔面膜可以提升膚溫，加速成分被吸收，促使血液循環加快，這就是面膜最大的效能。（在此提醒：如果能多添加酵母萃取素，加強皮膚吸收活性成分的能力，如此活膚效果會倍加出色）。

　　化妝前，在最後一道保養程序最好選擇有保養功能的產品：這樣做可以減少化妝品對臉的傷害。（在此提醒：可以的話建議快速卸妝，讓化妝品停留在皮膚的時間越短越好，盡早卸妝讓皮膚可以透氣）

　　做好防曬措施：除了塗抹防曬乳液外，長袖、陽傘、帽子、太陽眼鏡都是不可或缺的用品。太陽眼鏡可以有效防止眼部周圍

色素沉澱，愛美的女性一定不能忽略。

飲食上可以攝取退黑色素的食物：例如含有豐富維生素C的蔬果，柑橘類、奇異果、草莓、花椰菜、高麗菜、番茄、青椒、葡萄柚等。另外多攝取深綠色蔬果，它們具有抵抗紫外線的最佳效果。

為了要擁有一張白裡透紅、亮麗無瑕的肌膚，愛美的妳請記得時時需要添飽氧氣喔！

妳不可不知

紫外線是皮膚最大殺手

紫外線具有無形、不易防備的特性，它會使肌膚失去水分、缺乏彈性、增加皺紋、加速老化，甚至導致皮膚癌的危機，因而被譽為肌膚的頭號隱形殺手。穿透力很強的紫外線A光是造成臉上皺紋的兇手，它足以破壞人體真皮組織中的膠原蛋白，讓臉部黯淡無光、失去彈性，導致皺紋橫生。我們日常生活當中

所接受到的紫外線 A 光的劑量，是紫外線 B 光的三十倍之多，但是過去我們使用的防曬乳只能防範 B 光，不過隨著高科技的進步，目前防曬成分均可有效防範 A 光。

所謂紫外線，根據其波長可分為UVA、UVB、UVC三種，其照射到皮膚的深淺程度不同，傷害程度亦不同。UV量會因季節、時間、地理條件及氣象等影響而不同。太陽光線的UV量又以夏天最多，5至7月的量高達1至2月的2至3倍。

根據研究，保護地球的臭氧量，平均每十年減少3.5%，而且正在持續快速減少中，在南極圈上方甚至已有嚴重破洞的情形產生，使得愈來愈多的紫外線得以穿過大氣層到達地表，也增強了紫外線對肌膚的傷害力。 一天當中，則以正午為中心的前後一小時為最高。以台灣所在的北半球而言，一年之中，又以3月至10月陽光中的紫外線含量特別高。海邊和山地，由於空氣清淨，與都市因為煙、霧、灰塵等造成的混濁空氣相比較，照射到地面的光線量也較多，UV量更顯著地增加。

防曬的重要性

陽光照射對於不同的人種也會產生不同的差異性。深色皮膚對日照的反應較為敏感，容易曬黑，但不容易曬傷。而淺色的

皮膚不易曬黑，卻很容易曬傷並形成惱人的曬斑。所以，白種人接觸陽光容易產生脫水、曬斑、皺紋等現象。黃種人比較不能忍受熱及陽光的照射，須經常遮避掩蓋。黑種人對於紫外線及熱較具保護作用，能迅速地排出黑色素，對陽光照射的傷害是具保護作用。

依上述的情況我們將其分為六類膚質：

第一類：極敏感、易曬傷、不會曬黑。

第二類：很敏感、易曬傷、不易曬黑。

第三類：敏感性、會曬傷、不易曬黑。

第四類：稍敏感、會曬傷、會曬黑。

第五類：不敏感、易曬傷、不易曬黑。

第六類：不敏感、黑色膚質。

　　其中第一、二類的大多為藍眼金髮的白人，如北歐、愛爾蘭人等。第三、四類的大多為地中海區，如義大利、西班牙人等。第五類如亞洲人，第六類的如非洲或中東人。這是因為黑種人和深膚色的人，其黑色素細胞的數量並沒有比白種人的多，而是他們的黑色素細胞能夠產生較多又較大的黑色粒，因而能製造較多的黑色素。

另外，乾性肌膚較油性肌膚容易產生黑斑，淺膚色較深膚色更容易產生黑斑。當然，要預防黑斑的形成，就必須使用防曬產品。

防曬產品的效用

防曬產品有兩種效用：一是吸收紫外線。二是反射紫外線。防曬係數是顯示某項防曬製品防曬效果的程度，數值愈高，表示防曬效果愈好，簡稱為SPF（SUN PROTECTION FACTOR）。SPF是（擦過防曬製品後產生日曬現象所需的時間）÷（未擦過防曬製品後，產生日曬現象所需的時間）所得的倍數值。其所含倍數愈高，防曬紫外線的效果則愈高。

其他預防方法如下：

• 避免於上午十一點至下午三點曝曬，因為此時陽光紫外線照射最強。

• 不要在服藥期間做日光浴。例如：避孕藥、抗生素及排尿劑等藥品會引起斑點，服藥時請向醫師或藥劑師諮詢。

• 確實保護眼睛。日曬時宜配戴太陽眼鏡，有魚尾紋者不宜戴太小的墨鏡。

• 日光浴前宜適當地休息，避免太勞累。

- 對於脆弱、敏感性肌膚，應該使用完全保護的產品。

- 適當地使用防曬用品，使用前必須徹底了解產品的用法。

- 避免曬傷。

- 四十歲以上的女人避免日光浴，以防加速老化。

- 避免使用香檸檬油，否則可能造成曬斑或發炎現象。

- 日曬時避免使用香水、古龍水、髮雕等用品，以免引起斑點。

- 在陽光下避免長時間不移動，尤其是在上午十一點至下午三點之間。

- 日曬時，不要化濃妝。

- 塗抹橄欖油，可吸收少量陽光，會曬黑，凡士林則是不能防曬傷。

1-5 如何預防身體氧氣流失？

氧氣為何會流失？

　　現代人喜愛飲酒、抽菸、吃精緻的食物，或是飲食過量不節制，這些東西經過身體吸收產生各種化學物質，人體為了應付這些化學反應過程必須消耗大量的氧氣。由於現代人的運動量不足，體力下降導致呼吸機能弱化。加上大氣污染和密閉的生活空間，這些都是導致現代人氧氣流失的原因。在周遭的環境漸漸呈現氧氣不夠充分的狀態，將慢慢侵蝕我們的健康。

　　氧氣流失對人體有什麼不良的影響？首先，第一個想到的是血液的污濁。當血液和充分的氧氣結合，除了將身體代謝的廢物交換排出體外，並順暢的將新鮮的氧氣運送到身體各組織細胞使用。相反的，如果血液中的氧氣不足，流動力自然降低，導致身體的細胞得不到充分氧氣的供應，而導致細胞死亡。相對的血液循環不良，很容易造成血管阻塞，進而引起各式各樣的疾病和症狀。

補充氧氣的好時機

妳一定會問我，什麼時候需要補充氧氣呢？其實也可以這麼問，如何知道身體正在缺氧？前面曾經一再提到，人體器官中以中樞神經對氧氣的消耗最大，腦組織只佔人類體重的2％，但卻需要消耗總耗氧量的25％！是全身器官最容易感到疲倦的細胞組織。

尤其大腦裡存在的神經細胞會透過一些化學物質，傳遞各種情報到腦中及身體各部位，指示身體必須按大腦命令行事。而這些負責發送情報的化學物質我們就會稱它為神經傳導物質（neurotransmitters）。

目前科學家已經確認出人體大腦中至少存在一百種神經傳導物質，其中一些和我們的記憶、思考、認知功能等密切相關，包括：乙醯膽鹼※（acetylcholine）、正腎上腺素※（norepinephrine）及多巴胺※（dopamine）。

而製造大部分神經傳導物質的原料，幾乎都來自於飲食。當我們在吃過一餐飯後，腦內神經傳導物質的濃度就會自然增加。

所以，要維持濃度充足的神經傳導物質，讓它發揮最大功能，吃對食物是首要條件。多吃富含維生素B群，尤其是B$_5$、B$_6$、B$_{12}$及菸鹼酸的食物，例如乳製品、堅果、糙米、小麥胚芽等，還有含維生素C的蔬菜、水果，可以滋養和記憶力相關的神經傳導物質。

此外，人體製造乙醯膽鹼時，需要的主原料是膽鹼（Choline），這種營養素可以從綠葉蔬菜、小麥胚芽及蛋黃、豆腐等含卵磷脂的食物中獲取。

酪胺酸（tyrosine）和苯丙胺酸（phenylalanine）這兩種胺基酸存在於海產、大豆及乳製品等高蛋白質的食物裡，可以幫助製

※乙醯膽鹼是在腦部含量最多的神經傳導物質，特別集中在腦的「記憶中心」——海馬體，主要負責傳遞記憶和思想，也幫助神經細胞和肌肉細胞之間的聯繫。如果體內的乙醯膽鹼濃度太低，人會無法專心，記憶力變差，甚至可能罹患失智症。1970年代末期，科學家就發現阿茲海默症患者神經突觸中的乙醯膽鹼會減少，因此認為這種疾病可能是乙醯膽鹼的合成受到破壞所導致。

※正腎上腺素是具「激發性」的神經傳導物質，會使腦部的警覺性提高，同時，它也和啟動學習能力及記憶力有密切關係。當記憶從海馬體的短期儲存送到新皮質做長期儲存的過程中，正腎上腺素是不可缺少的動力。此外，它也是讓人感到「幸福」的化學元素，可以提振情緒，使人充滿活力。

※多巴胺的主要作用是控制肌肉運動及維持正常的免疫系統功能。大量的多巴胺可以改善情緒、性慾，而且幫助檢索記憶。

造正腎上腺素和多巴胺。如果妳想保持清醒的頭腦，建議妳先吃含酪胺酸的食物，然後再吃碳水化合物。這樣酪胺酸才能擊敗另一種和它競賽的氨基酸——色胺酸（L-tryptophan），先行一步進入大腦，發揮「醒腦」的作用。

另外，也建議飲用有氧飲料，因內含老虎蔘（刺五加蔘），為一種有氧植物，飲用後能幫助提高人體氧氣吸收量進而增加細胞含氧量。

所以下回當妳處於疲倦缺氧狀態——頭腦昏沉、腦袋空空、精神不佳、專注力無法集中時，請記得補充正確食物，才能順利補充大量氧氣，有效提高血液中的含氧量並舒緩神經系統，讓腦部再次獲得充分的能量，使妳活力再現！

一、喝水時

大家都知道，喝水是為了補充身體因流汗和排尿所失去的水分，並且從水中獲取礦物質，然而很多人不知道，水也是我們取得氧氣的來源。如果喝的是含氧量高的水，人體會覺得比較輕鬆，疼痛獲得紓解，發炎現象也會減少。值得一提的是，礦物質和氧的含量高的水，看起來並不是透明無色的，而是呈微微的霧

狀，且有汽水般的氧氣泡泡。

二、運動時

　　另外，人體所需的氧氣可靠運動來補給大量流失的氧氣。若運動量加大，人體所需的氧氣和營養物質及代謝產物也就相對增加，這就得靠心臟加強收縮力和收縮頻率，並增加心臟輸出血量來運輸。因為運動後能修復疲勞、強化心肺機能增進體力、能使腦細胞活性化而有提神效果。由於供應充足的氧氣給體內的細胞使用，使代謝的廢物能夠迅速排出體外，活化代謝機能，將能得到各種意想不到的效果。

　　另外，進行運動前，事先補充有氧飲料，能幫助提高血液中的含氧量，進而提高體力、耐力，倍增運動效果；而在運動後飲用，能加速乳酸代謝，減少乳酸的堆積，加速能量的再儲存，消除疲勞感，讓身體能夠在短時間內恢復體力。做大運動量運動時，心臟輸出血量不能滿足機體對氧的需要，使機體處於缺氧的無氧代謝狀態。無氧代謝運動不是動用脂肪作為主要能量釋放，主要是靠分解人體內儲存的糖元作為能量的釋放。當在缺氧環境中，脂肪不僅不能被利用，而且還會產生一些不完全氧化的酸性

物質，如酮體，降低人體運動耐力。短時間大強度的運動後，血糖水平會降低，血糖降低是引起飢餓的重要原因，這時人們往往會食慾大振而補充食物，這對減肥是極為不利的。(註： 關於運動前後氧氣的補給方法請參閱第四篇。)

有效的運動

1. 有效的運動是最好每週至少三次以上，一次約30分鐘。

2. 運動前先做熱身運動5～10分鐘，

美女看過來：如何保持身材苗條？

上班時不要總是相同的姿勢 上班時不要保持同樣的動作，要適度變換一下姿勢，或者改變工作模式（可試著改站姿），並適時地起身動動全身筋骨。

每週2到3次去健身房練練體能 建議每週2到3次去健身房練練體能，並不時變化一下運動項目（如有氧瑜珈、皮拉提斯、肚皮舞、拉丁有氧、氣功、經絡武功等）如此才好喔。因為老是做同一款運動，它只會讓妳越做越肥呦！

3. 包括身體各重要關節的伸展運動及在原地跑步一兩分鐘，以適當提高體溫、心跳及呼吸，然後才能做有氧運動20分鐘，有氧運動結束後再作5～10分鐘緩和運動，不要立即停止運動，以避免運動傷害的發生。

運動的注意事項

1. 努力去達成所訂定的合理運動目標。

2. 選擇適當又安全的場所如學校操場。

3. 運動期間應多補充水分，尤其是熱天。

4. 勿在酷熱潮濕情況下運動，如中午時段。

5. 運動時心跳加快，呼吸加速，血壓上升等均為正常現象，但若出現不適現象，如呼吸困難、頭暈目眩、胸部緊迫等症狀時為運動危險徵候，需立即停止運動，除作適當休息外，並告訴周遭親友協助觀察，以防萬一。持續不適時則應立即就醫。

6. 若運動後一小時以上還感覺疲勞，則表示運動太激烈了，應作適度的調整。

7. 每次運動後應將運動的時間、距離、運動時心跳數及運動負荷

的主觀感覺等作記錄，可增加運動與鼓勵的持續性。運動時，最好能持續25分鐘以上，最初被利用做為能量源的是貯存在血液或肌肉中的多醣。脂肪開始被消耗是約在運動後十分鐘。因此，如果期待燃燒體內脂肪，則一定要連續運動30分鐘以上。而且，因為脂肪的燃燒需要大量的氧，因此為了有效燃燒身體脂肪，最有效的方法是能讓身體一邊緩慢活動，一邊吸入大量氧氣是最有效減肥的方式，例如：走路或是游泳等有氧運動。

運動最好是空腹時進行，所謂的脂肪，可說是肌餓時貯備能量的來源，空腹時由於處在輕微的肌餓狀態中，便會使用儲存的能量而繼續燃燒。儘管如此，如果都不吃東西而只做運動並不是一個好方法，反而會造成身體的損傷。想運動最好是在用餐後的兩個小時後為佳。

三、睡眠（休息）時

睡眠期確實能睡出好活力，專家學者普遍認為睡眠能幫助恢復體力和腦力並增進身體免疫力、促進生長、幫助學習、減輕壓

力、保持記憶力，在科學上也明白證實睡眠為維護身體健康的最佳利器，所以老奶奶常說：「睡覺贏過吃補」！

第二篇

心理有氧

2-1 心理有氧，樂活人生

心理影響生理

英業達總裁、愛好武俠創作的溫世仁先生，在五十五歲、正值壯年之時，因腦幹出血猝然離世，讓眾人痛惜不已；他的好友陳文茜說，與溫世仁「數不清碰面的次數，卻從沒看過他吃飯！」相信背後的理由當然是──忙！

著名的主播馬雨沛，是工作捨不得休假、表現怕輸給別人的「女強人」；如願考上美國史丹佛大學的東亞研究所，即將與男友步入禮堂，卻在最璀璨的三十二歲，聽到醫生無情的宣佈──她的胸部存在著噬人的癌細胞！

永遠的帽子歌后──鳳飛飛，生前面對喪夫之痛時，她走路哭，練唱哭，買菜也哭，眼淚甚至拌飯，內心之煎熬實難言喻，抑鬱之下也於年前罹患肺腺癌而撒手人寰。

除此之外，已經有太多的例子告訴我們，疲勞和壓力確實會

讓人致病！最顯而易見的是，人們長時間處在緊張的壓力下，進而導致肌肉收縮、緊蹦，引起背部、肩頸、以及頭痛的症狀；醫學上也證實，壓力會減少體內對抗細菌的「T型淋巴細胞」，使我們的免疫系統變弱，導致過敏反應，甚至提高罹癌的風險；壓力會增加血壓與血漿膽固醇，勢必引發高血壓、中風和冠心病。

而壓力似乎無所不在！來自家庭的、來自工作和課業的，來自愛情的、來自社會價值的……，這種緊箍人心的感覺讓人幾乎喘不過氣來，造成「心理缺氧」，又怎麼期待能獲得健康？

談這些例子或許會引起妳的恐懼感，但是如果能夠讓妳將恐懼轉化成「注意到心理有氧的重要性」，那才是我們背後真正要探討的重點。

水杯的實驗

在一堂有關處理壓力的課程上，我對學生做了一個示範，並提出一個問題。我舉起手中的茶杯，問學生：「你們能否估量一下杯內的水有多重？」

學生們議論紛紛，答案不一，範圍由20克到500克不等。

我說：「那些水的實際重量其實並不重要，重要的是你拿著水杯的時間。」

「如果拿著一分鐘，OK，一點感覺也沒有。」

「如果拿著一小時，手臂會開始酸麻。」

「如果拿著一整天，可能隔天手就舉不起來了！」學生們討論著。

所以，就算是水的重量一樣不變，但拿在手中的時間越長，重量就會愈顯沉重。

人的情緒其實和舉杯的手是一樣的。如果時常背負著重擔，即使擔子的重量不變，也會變得愈來愈沉重甚至喘不過氣，就像長時間拿著水杯一樣。

日常生活中，每個人都是情緒的囚徒，當我們感到壓力太大，就應該透過宣洩來釋放壓力，如同前面的水杯試驗一樣，想要減壓就應放下水杯休息一會兒，也就是說，最好定期把擔子放下一會兒，補充好氧氣與能量時，再挑起擔子。

　　不過，我發現大家普遍用來消除壓力的方法似乎有些尚待商権之處，就像下面我要說的這個故事。

莫西的鑰匙

　　莫西在大街上尋尋覓覓。

　　「莫西！你在找什麼呀？」他的朋友見著了問。

　　「我的鑰匙不見了！」莫西滿臉愁苦的回答。

　　「別急！我來幫你找吧！」朋友說畢，隨即蹲下身四處尋找，但始終不見鑰匙。

　　「莫西！你還記得鑰匙大約是掉在哪裡嗎？」朋友遍尋不著，忍不住出聲詢問。

　　「我掉在屋子裡了！」莫西不慌不忙地說。

　　「那你在大街上找什麼呀！」朋友怒斥責怪，感覺自己的好心被耍了一般。

　　「大街上找不是比較亮嗎？」莫西理直氣壯的說。

　　明亮的大街上當然找不到莫西遺落的鑰匙，卻可以看到類似

的情形輪番在妳我身邊上演：有的人帶著信用卡到百貨公司去大刷特刷、以瘋狂購物來追求快樂；有的人寄情於旅遊或遁隱山林以盼平心靜氣；有的人選擇走進餐廳大啖美食，企圖以滿足口腹之慾來忘卻煩憂；當然還有人更糟糕──以酒精、毒品來麻醉苦痛！問題是，如果妳沒有反求諸己，而是一味向外去尋找刺激，那麼事實是──永遠也無法給予心裡真實充沛的氧氣！

接著我們再來看看佛印與蘇東坡的故事。

手心向下，付出愛

佛印禪師與宋代文豪蘇東坡是至交好友，兩人經常在文學與佛學上相互切磋較勁，所流傳下來的許多故事總是令人會心一笑之餘還引人深省。一天，佛印禪師與蘇東坡在郊外散步，見路邊有一座觀音石像，佛印禪師立即趨前合掌禮拜。

蘇東坡突發奇想，打算考考佛印：「我們手持念珠唸佛，觀世音菩薩是我們禮拜的對象，但為什麼菩薩手上也拿著一串念珠？祂又是在禮拜誰呢？」

「這要問你自己。」佛印禪師回答。

「我要是知道就不用問你了！」蘇東坡沒好氣的說。

佛印禪師微微一笑：「求人不如求己呀！」說罷便領頭前行，留下蘇東坡在後面大嘆又輸了一著！

佛印的意思是：念觀音、求觀音，不如自己做觀世音，答案存乎一心，都在自己的心裡。

我們往往不知道自己的內心其實蘊藏著無盡的寶藏，不求諸己、反求諸人，常常手心向上，希望得到別人的理解、關心、愛、提攜或賜予，當「所求不得」時，就灰心失望、怨天怨地，鮮少想到我們也應該手心向下，去開發內心、去付出愛，把氧氣帶給別人！要知道我們送出愛、送出氧之後，才能接收更多的氧氣（接收別人的愛），成為一種良善的互動和循環；那麼，妳希望自己能有一顆有氧的愛心，還是一顆缺氧的心？

能大能小的心量

一位信徒問禪師：「同樣的心，為什麼有的心量很大，即使是仇敵，都能包容？而有的心量卻是很小，即使是親人，也要斤斤計較呢？」

「你把眼睛閉起來吧！」禪師說：「現在，你用心去建築一座高樓吧！」

信徒雖然疑惑，卻仍依言而行，開始閉目冥思，在心中構畫一座高樓。所謂「三界唯心，萬法唯識」，意思就是世界上一切有情眾生與無生命的萬物，不外乎為人們心識所現。因此這位信徒經過一段時間的冥思後，便說：「高樓已建造完畢。」

「現在，你再造一根毫毛。」禪師說。

不一會兒，信徒睜開眼睛說：「毫毛造好了。」

這時禪師問道：「當你用心去建造高樓時，是用自己的心去造，還是借用了別人的心一起來建造？」

「我只用自己的心便造好高樓了。」信徒回答。

禪師再問：「當你用心去造一根毫毛時，是用整個心去造，

還是只用了一部分的心去造？」

「我是用全部的心去造一根毫毛的。」信徒回答。

於是禪師對信徒開示：「造一座高大的樓房，只用一個心，造一根毫毛，你還是用一個心，可見我們的心是能大能小的，端看你希望自己的心量大，還是希望自己斤斤計較呢？」

說了這麼多關於「禪」的小故事，是因為懂得禪的人，是能大能小、能有能無、能苦能樂、能多能少、能伸能縮、能冷能熱的；所謂「禪心本性」，也就是說禪是鼓勵人們去實現自己的本性，一切是無所不能。我希望禪就像氧氣一樣，能進入每一個人、每一個家庭，讓人人的生活裡，皆能擁有禪的智慧、自在、率性與逍遙，那麼人生有了「氧」，煩憂、病痛自然會消彌於無形。

2-2 愛人愛己，活出自我

　　週遭有許多朋友，都被家庭、婚姻關係給困擾著。他們經常抱怨自己的奉獻付諸流水，卻忘記自己當初選擇的初衷。或許在妳被情緒迷霧困擾之際，不妨問一問自己：「如果讓我重新選擇，我會怎麼做？」「我這麼做的同時，究竟是為了自己？還是為了別人？還是在付出愛的同時，也是自我的完成？」切記，妳要聆聽的是內心最真實的聲音，而不是憤慨之下激烈的言語。

高鐵的偶遇

　　由於工作需要南北奔波，所以我很享受搭乘高鐵的時光，無論是需要在高鐵上工作，或是觀景、冥想……，我都可以在二百六十公里的時速之下，獲得完全的安靜──因為平時不論在辦公室或在家，總是時時被電話包圍，但在那麼高速的移動下，手機是難以接通的。

這天，我一樣搭乘高鐵，將行囊散放在身邊的空位上，準備打開 iPad，好好進行我未完成的書稿，可是透過眼角餘光，我感覺空位隔壁那位穿著光鮮亮麗的婦人似乎在注意著我的一舉一動。

「我猜妳應該是一位律師吧？」過了半晌，婦人終於開口對我問道。

「不！我並不是律師！」我對她搖搖頭、微笑以答。

「那──妳一定是老師囉？」婦人繼續猜著。

「嗯，我是老師。有什麼事嗎？」我點點頭。

「YA！我就說吧！妳看起來就是個老師的樣子。」對於猜對我的職業，婦人顯得很高興，但她似乎沒有打算回答我的問題。

又好一陣靜默，我的心思又回到了工作上。

突然……

「我……」婦人欲言又止：「我……可以跟妳聊聊嗎？」

「可是我……。」我看著還空著一半的電腦螢幕，再看看婦人急於傾吐的臉龐，原來她猜測我的職業，只是個開場白呀！不

過若不是不吐不快,她應該不會這樣冒然向一個高鐵上偶遇的陌生人掏心剖肺吧!所以雖然有工作要趕,但是……。「好啊!」我爽快的說,一面闔上我的 iPad。

婦人開始滔滔不絕,我則報以微笑聆聽。原來,她有一個幸福美滿的家庭:事業有成的老公、和四個目前都有良好發展的兒女;這全都歸功於她當初辭去工作,在家當個全職媽媽的緣故。她總是把家裡打掃的一塵不染、佈置得溫馨雅緻,並且燒得一手好菜,時常為先生款待好友;她陪著孩子們經歷著學習和摸索的過程,所以現在他們都有很好的成就……。而她,剛剛從美國的大女兒家渡假歸來。

「那不是很好嗎?」我說:「女兒會邀請妳去玩,表示她是個孝順的孩子呀!」

「唉……」她深深的嘆了一口氣:「可是我這次去,是特地去散心的。兩個月前,我發現我那沒良心的丈夫居然在外面搞了個小三!」

「很抱歉聽到這樣的消息,妳一定很難過吧!」我嘗試著安慰她。

「他怎麼可以這樣……！他怎麼可以這樣……！」婦人淚流滿面，喃喃地重複說著：「那是我一生最好的時光……，最美好的時光都給了他們……。」

「是啊！妳真的是一位好妻子、好母親，為他們付出了那麼多。但是，妳為自己做了什麼？」等她情緒稍微平復下來，我問道。

「什麼意思？」她疑惑地問。

「妳為他們營造美好的環境，為他們料理美味的餐食，為他們做了一切，但是，妳為自己做了什麼？」

「我怎麼有時間為自己做什麼？忙著照料他們都來不及了！」婦人理所當然的說。

「那麼，如果有時間，妳希望做什麼？妳的興趣是什麼？」

婦人如夢初醒：「喔！以前我的夢想是當個考古學家！可是結婚之後，我就放棄了這個想法。」

「如果，時光倒轉，讓妳回到選擇婚姻或是考古學家的那個點，妳會選擇那一個？」

婦人沈默，低眉斂目，專心思考著。我希望她可以好好的回

想一下。

「我想……，我還是會選擇結婚，選擇走入家庭吧！」婦人囁嚅的說。

「喔？為什麼呢？」我故作驚訝地問，但心裡泛起微笑。這不是她方才的數落抱怨嗎？如果讓她重來一次，她居然還是願意再走一遭？可見，她已經想得明白了！

「雖然我想當個考古學家，但我更愛我的先生和孩子們。」她肯定的說：「或許做考古學家會讓我得到成就感，但，沒有什麼比打點好一個家、看著他們津津有味的吃著我做的料理、聽著先生沉穩的鼾聲、親吻孩子們的睡顏來得幸福了！因為，我是那樣的愛他們。」

「可是，妳先生有外遇……。」

「那是他的錯，我沒有必要背負，我不要為了他的外遇而否定自己。」婦人說：「過去我所得到的那個幸福的家庭，在我心裡並沒有失去，我會永遠記得那一刻的滿足感和成就感！而現在，如果他覺得那個女人比較好，我就祝福他吧！因為，我也有我的夢想要去進行！」

高鐵放緩了速度，慢慢地進站，婦人整理了衣帽，在此與我微笑道別，挺直了背脊面對她自己的人生。一番談話，其實並沒有改變現狀，唯一改變的，只有她的內心填足了「氧」而已。

曾經讀過一本我認為值得一看再看的好書——《風‧沙‧星光》（Saint Exupery著），其中我最喜歡他談到關於「愛」的一段文字：「**愛，就是引導妳正確地走向真實自己的一個溫柔過程。**」我相信這位婦人，已經找到走向真實自己的溫柔過程了。那麼，妳呢？

不嫁後悔，嫁了也後悔！

在婚姻關係中，我們經常被暴怒矇蔽了雙眼，在那個當下，想到的經常是毀滅，以為必須用更大的痛苦來麻痺此刻的痛苦，可是我們都忘了真實的自己，要的究竟是什麼？

我有一個朋友，與外遇的男友「先有後婚」。婚前，我不斷地問她：「妳真的要跟他結婚嗎？」

她總說：「是的！如果我不嫁，一定會後悔！」

所以我含笑參加了她的婚禮。

婚後，我被她經常撥來、又哭又鬧，在婚姻關係與孩子之間覺得異常疲憊的電話而困擾。

「如果讓妳重新選擇，妳還會嫁他嗎？」我經常問她。

「當然不會，我後悔死了！」她咬牙切齒的說。

「那妳還等什麼？快點離婚啊！」我舉雙手贊成！

「妳……！可是……小孩怎麼辦？」她大概沒料到我會「勸離不勸合」，搬出小孩當她的擋箭牌。

「雖然單親對小孩不是最好的，但一定比你們兩個成天吵不完的架要來得好吧！」我分析著。

聽了我的話，她總是草草儘快將電話結束，而且我也知道，她絕對不會離婚，因為她只是被當下的情緒給控制了，需要一個第三者來點醒她而已。當然，如果她經過仔細的考慮，最後決定離婚的話，我一樣會認同這個決定──那才是她真實的自己呀！

人生就像茶葉蛋，有裂痕才入味。

自我補「氧」

　　行為心理學家 Zinker 曾說：「人可以創造自己的命運，只要他的腦未枯、心未死、軀體未空，他一定有能力去改變自己的命運。」在掙扎、恐懼與自己命運搏鬥的過程中，我們得悉了自己真正的需要，付諸行動即能滿足自己的需求，而不僅止於空思幻想而已。」因此，與其坐而言，不如起而行，如果妳有困惑、有質疑，那麼就開始去想、去感受、去聆聽，然後去做、去改造，去補充心裡的氧氣！誰說世間事一定要十全十美呢？只要能順心、盡心、開心，不忘當初自己的信念，克服情緒糾葛，相信妳就能獲得有愛的、有氧的人生。

有氧哲學就是主張氧與愛相同，有的時候很愉快，沒有的時候很痛苦。

2-3 將心比心，樂在工作

經常聽到朋友們抱怨人際關係、抱怨職場問題，其實很多時候是「輸贏之爭」、「我執之念」、以及「坐這山望那山高」所造成的心理缺氧；或許我們可以看看以下的故事，放下爭執，經常做有氧的練習，培養出有氧的好習慣！向負面思想 Say NO！

智者四言

一位少年去拜訪年長的智者。

少年問：「我怎樣才能變成一個自己愉快，同時也能帶給別人快樂的人呢？」

智者送給少年四句話：「第一、把自己當成別人；第二、把別人當成自己；第三、把別人當成別人；第四、把自己當成自己。」

「可是這四句話中有很多矛盾之處，我怎樣才能把它們串連

在一起呢？」少年充滿著疑惑。

智者回答：「用一生的時間和經歷吧！」

少年走過很長一段人生歷程之後，也成了一位智者。他是一個愉快的人，也給每個見過他的人帶來快樂，因為他領悟了智者送他的四句話的內涵，並且把它當作自己的人生格言。

把自己當成別人：受到挫折屈辱時，把自己當成別人，便能置身事外，不愉快自然減輕；功成名就，取得成績時，把自己當成別人，就不至於得意忘形，讓勝利沖昏頭腦。

把別人當成自己：遇事設身處地的為別人著想，這事碰到自己頭上，自己會怎樣想，該怎麼辦？多給別人一些同情心和幫助。

把別人當成別人：不自以為是，學會尊重別人。任何時候都不應怠慢別人，不強求別人應該怎樣做，怎樣做是別人的自由，妳無權干涉。

把自己當成自己：任何人都有自己獨立的個性，妳就是妳自己，不是別人。把自己當成自己時，就得承擔起自己的責任。

我們學會以同理心，多角度、多方位地觀察社會、善待人生，也就是「將心比心」的態度！如此，便可擺脫不應有的煩惱，使心理有氧、生活更加愉快，同時把快樂也傳遞給周圍的人，形成良性的循環，生活與工作中，與他人的互動自然也就變好！

輸贏之爭

我曾接觸一位八十五歲的榮民伯伯，他說：「如果我可以再活一次，我的人生一定要豁達開朗、與世無爭！我不再要求自己十全十美，也不要處處苛求別人，活得那麼辛苦！其實人生為何不能輕鬆愉快些呢？」

佛家說過，「四大皆空」、「無牽無掛」，在我們不斷追求物慾、滿足佔有慾的同時，是否也把一層層的枷鎖往自己身上攬呢？妳看現在有許多人在功成名就之後，卻選擇歸於平淡恬定的生活，正代表了那才是人心真正的嚮往和追求。

我們在職場上、生活上與人為爭，可是，爭什麼呢？爭一個

「贏」字嗎？所謂的「輸或贏」，又是建立在什麼基礎點上呢？或許當我們發現自己在「爭」的時候，可得問一問自己：「如果讓對方贏，我會損失什麼嗎？而對方又會贏得什麼呢？」如此念頭一轉，可能就可以一笑置之了。

尋找真心的路

很多人總是做一行怨一行，彷彿找不到自己的方向。

如果這份工作真的不為妳所愛，那麼換工作是應當的；但是，妳可曾捫心自問：**究竟我喜歡的、我理想中的工作又是什麼？是否只想著不勞而獲，或只欽羨著別人所擁有的呢？**

人類學家卡斯塔尼達（Castaneda）寫了一本書──《同樣的教學法》（Teachings according to Don Juan），說道：「每一條路只是千百萬途徑之一，如果妳不想走這一條路，那千萬別停留，沒有人能強迫妳的決定、干擾（冒犯）妳的心志；一旦決定了就必須在自在而無懼的情況下努力進行，告訴自己，就是要試這一條路，直到妳覺得已經非常足夠！然後反問自己，這一條路是我

『真心』想要的嗎？如果是肯定的，它會引導妳繼續向前，帶領妳抵達至善，否則妳一路走來必定跌跌撞撞、困難重重！叢林、沼澤、怪獸、亂石、荊棘⋯⋯處處圍繞著妳。」意思就是說，除非「用心」！不然大大小小的路都足以令妳迷失，只有找到自己「真心的路」，才是獲得心理有氧的唯一途徑。

輕鬆的工作？

還有很多人，覺得自己的工作非常辛苦，總瞧著別人的工作怎麼可以這麼輕鬆、還賺得那麼多的錢？事實真是如此嗎？

韓國的鏡虛禪師帶著出家不久的弟子滿空四處雲水行腳，弘法度生。一路上滿空滿腔嘀咕，嫌揹負的行囊太重，不時要求師父找個地方休息一下，但鏡虛禪師從來不肯答應徒弟的要求，總是精神飽滿地向前走。

有一天，師徒二人經過一個村莊，見到一位婦人。鏡虛禪師忽然趨前握住這名婦女的手和她說話。婦女大驚，尖叫了起來！鄰居聞聲出來探視，見到婦女被人調戲，大家齊聲喊打。

　　身材高大的鏡虛禪師立刻掉頭就跑，徒弟滿空只得揹起行囊隨著師父飛奔而去。師徒兩人一連跑過幾個村莊，直到後面再也沒有人追趕，才在一條寂靜的山路旁停下腳步。

　　這時，鏡虛禪師回過頭來問徒弟說：「你現在還覺得行囊沉重嗎？」

　　「奇怪！剛才一心隨著師父往前奔跑，背上的行李一點都不覺得重了。」滿空說完，才頓悟師父的一番苦心，忙道：「徒兒知錯了！」

　　由此可知，「輕」或「重」、「辛苦不辛苦」、「累不累」，都是自己心裡的感覺；如果我們對自己的前途、目標缺乏信心，那麼嫌遠、嫌難、嫌重、嫌累是必然的；如果對自己的前程有堅毅不拔的信心，有眼光、有擔當，專心一意，那麼任何艱難、挫折、辛苦，都不會無法承受；別人工作的輕鬆，或許正是因為他徜徉在氧氣裡、樂在其中呢！

2-4 五個念頭，人生有氧！

接著藉由以下故事，建議美女們經常練習以下五個念頭，會讓妳的心裡很快充滿氧氣，進入有氧的人生哦！

培養快樂的習慣

古希臘哲學家亞里士多德說：「如果優秀是一種習慣，那麼懶惰也是一種習慣。」

有一位計程車司機，只要載到市區的客人，就會在車上不停的抱怨：「跑一趟那麼近才賺幾個錢！一天要開超過十個小時的計程車，真不是人幹的！」嚇得乘客只能閉嘴不言。

另一位計程車司機，只要載到市區的客人，總是含笑的在車上哼著歌。乘客問他：「你不嫌近嗎？不嫌錢少嗎？」

「怎麼會？」司機覺得很奇怪：「我高興都來不及了！想

想，您花錢請我來四處看風景，天底下哪有這麼好的工作呢！」

除了人的本性之外，個性、脾氣、觀念……基本上是後天透過家庭與教育影響而養成的結果，因此，我們的一言一行都是日積月累養成的習慣，有的人養成了大部分優秀的好習慣，而有的人則相反；那麼，我們該如何培養快樂的好習慣，使快樂的念頭習以為常，變成我們第二天性呢？

或許我們可以在日常生活中時時提醒自己，學習常態性的思考和創造、認真做事、對人友好、接近大自然、凡事盡量往好處想……。如果覺得憑空想像難以做到的話，就去找一本妳信賴的好書、一個妳願意向他學習的好人（好榜樣），甚至是信仰宗教，從中去模仿他們的一言一行，去找妳疑惑的解答，想想「他是我的話會怎麼做？」，然後學而習之。妳看嬰兒學語不也是從模仿開始嗎？

過程勝於結果

一隻狐狸經過結實纍纍的葡萄園而垂涎欲滴，但牠的身子太

胖了，沒辦法鑽過圍籬的縫隙。

好不容易餓了三天，狐狸終於瘦得可以鑽進葡萄園裡大快朵頤，牠開心的吃了三天三夜。

等到牠想離開葡萄園時發現：糟糕！因為葡萄的關係，讓牠又恢復了身材，於是牠又餓了三天三夜才得以脫身。

就結果而言，狐狸似乎是白忙了一場，但就過程來說，牠可是開心地享受了三天三夜美味的葡萄呢！如同人類的生命終究會步向死亡，當我們離開人世那天，可以帶走努力打拚一生的房子，還是可以帶走相伴一生的牽手？答案是否定的！因為「結果」是「我們什麼也帶不走」，唯一可使生命更充實、更豐富精彩的，就只有「過程」而已！所以說，「享受生命的過程」就是生命意義之所在，端看我們如何去揮灑有氧生命的色彩。

瞭解「過程」的重要更勝於「結果」之後，我們就應該學著「活在當下」。好比工作，我們可以專注在努力的過程，如果能得到好的結果固然高興，但若失敗也是很好的經驗。又好比人們談戀愛，即便信誓旦旦地說我會愛妳一輩子，但實際上誰都知道未來是不可掌握的！或許我們可以轉換另一種心境，告訴自己：

「我們此時此刻是真心地相愛，並且珍惜彼此的愛。」那麼就算未來會面臨到失戀的痛苦，這種體驗也是豐富妳生命的一個美好過程。

最快≠最短

過去我們在解數學題時：「兩點間最短的距離是？」答案只有：「直線」，但人與人的相處卻不一定能「同理可證」。

有個年輕人跳上計程車：「司機先生，我趕時間，麻煩你走最短的路！」

「趕時間？」司機先生很想幫他：「你要走最短的路，還是最快的路？」

「最短的路不就是最快的路嗎？」年輕人理所當然的說。

「如果你想快的話，可能必須繞點路，因為最短的路現在正在塞車呢！」司機先生解釋。

如同為人處世，我們很難「直接了當」的把事情做好，有時需要等待、有時需要合作、有時需要方法、有時需要繞道而

行……，因為事情常常會碰到許多困難和障礙，如果執著於直線而硬衝、硬撐，可能會收到反效果！如果我們選擇繞過困難和障礙，或許事情會更加順利些！就拿溝通來說，相同的意思，用開門見山直接的方式說，還是用婉轉和諧的方式較易令人接受呢？

放下的智慧

老師問小朋友：「你們心裡有沒有討厭的人啊？」

小朋友們紛紛點頭：「當然有啊！」

「那麼，你們去河邊撿一塊石頭，代表你對他的厭惡程度。石頭越大，表示你越討厭他；石頭越小，表示你對他討厭的程度是還好。然後明天帶到學校來給老師看。」

小朋友們好高興，紛紛跑去撿自己心目中代表了討厭的石頭；即使手上的石頭已經不小了，但看到遠方那個更大的石頭，不辭辛苦也要去把它搬回來。

隔天大家帶著石頭到學校，紛紛發出了抱怨：「老師！石頭好重啊！」

「那就學著放下這些代表討厭別人的石頭吧！」老師說。

壓在妳心上的憤怒與怨恨，是否就如同一塊大石頭一般，不但讓妳疲累，也讓妳喘不過氣？因此，何不學習放下、學習原諒、學習寬恕，學著解放自己的心呢？

捨得分享

老農夫時常感嘆環境不好，種不出什麼好作物。

一個商人給了老農夫十顆種子，說這十顆種子可以種出世界上最好吃的蘋果，等它結成果實，就可以賣得好價錢。聽了商人的話，老農夫害怕種出來的蘋果被小偷偷走，於是小心翼翼，找了一塊人煙稀少的山頂來撒種，並且悉心照料。

終於，十顆蘋果樹結成豐碩的果實，眼看就可以收成出售了，沒想到卻讓猴子和鳥兒們搶了個先，把蘋果吃得一乾二淨，只剩下滿地的果核。

老農夫垂頭喪氣的回家，再也提不起勁耕種。

幾年過後，老農夫偶然間走上山頂，發現蘋果樹又結果了！而且十顆

蘋果樹變成了一片蘋果園！他心裡充滿疑問：「這片蘋果園到底是誰種的呢？」

老農夫坐在蘋果樹下乘涼，看著猴子和鳥兒穿梭來去，依然啃食著樹上的蘋果，依然丟棄了一地的果核，他突然明白的笑了：原來這片蘋果園，就是這些動物吃剩的果核長出來的呀！

如果老農夫圍起了籬笆、覆蓋羅網，一心一意保護著蘋果，不讓這些小動物越雷池一步，那麼他所擁有的，不過是一把種子所種出來的蘋果罷了！但猴、鳥所吃剩的果核，雖然讓老農夫晚了幾年採收，卻是數倍的回收。

所謂的回收，也分成有形與無形。老農夫的蘋果林是有形的回收，但有時候回收可能是一份感動、一份友情、一份好感……，相信用錢也買不到的！它們比起物質的回饋更為珍貴，也更令人欣喜！當然當我們付出的時候，不應想著回收的一天，但事情的結果通常會超乎妳想像的圓滿喔！

和「拖延」握手，就會失去良機；
即知即行，才是有氧生活的優良行為表現。

第三篇

生活有氧

生活有氧，製造快樂

有天到內湖聽一場演講，讓我印象最深刻的是主講者平先生，分享如何讓自己在日常生活中做個「快樂有氧製造機」，他談到他每天早晨都會去逛傳統市場，每天都會製造一些快樂給賣菜的老闆們。比如他買了23元的菜，拿30元給老闆，說：「老闆，23元算25元，找我5元就好。」這些老闆們聽後的反應大致上可分成四種：

第一種：起初非常驚訝，摸不著頭腦，之後非常開心地找了5元，然後說謝謝。

第二種：老闆堅持找7元，不佔客人任何一點便宜，但老闆還是很開心。

第三種：改多送點蔥、薑、蒜，老闆依舊很Happy。

第四種：最高竿的反應，「不然我幫你湊30元好了，一共是32元，算你30元就好啦。」

哇！原本客人是想讓老闆佔點便宜的，老闆反過來卻讓客

人多買又有佔便宜的感受，真是高手中的高手。

　　另日，我逛黃昏市場時，決定試著玩一下平先生的遊戲，暫時改了殺價習慣，也想創造點快樂給這些老闆們。我來到一家以前常殺價、討斤兩的攤販前，買了157元的青菜，結帳時，剛好聽到菜販老闆說了一則笑話，非常好笑，我很開心地說：「老闆，你好幽默喔！唱作俱佳，你的笑話非常好笑！這些菜157元算160，這裡是160元，不用找了。」老闆笑著說：「這怎麼可以呀！不然妳還需要什麼，我多送妳一些。」老闆便隨手抓了一大塊嫩薑送我。

　　後來到了另一家買玉米39元，拿40元給老闆，我說：「阿嬤，39元算40元，免找呀。」阿嬤有點訝異更困惑，一時之間反應不過來，還是找了1元給我，我笑笑地把1元還給她，說不用找，她趕緊又多放了一支玉米給我，從她驚訝轉而高興的表情，我知道我也製造了快樂。

　　回家的路上，我嘴角始終掛著微笑，內心充滿著歡喜，一路哼著歌。睡前在記事本裡寫下：「算一算，我只不過多花了4元，究竟改變了什麼又賺到了什麼？」答案是：

賺到了一天的好心情

賺到了老闆燦爛的笑容

賺到了老闆真誠的謝意

賺到了阿嬤親切的友誼

賺到了一大塊嫩薑和一支香甜玉米

賺到了一頓愉快的晚餐

這個故事告訴我們，快樂就像是氧氣一樣，在生活中不經意地小細節隨時都可以製造氧氣，製造快樂，幫自己也幫他人。當我們決心要當個「快樂有氧製造機」時，就會感染對方，形成一個良性的互動，讓更多身邊的人像我們一樣，成為生活中的「快樂有氧製造機」。

不過，下個月發薪水時，千萬別一不小心跟你老闆說：「四萬八算四萬五就好嘍」！

3-1 有氧實驗課

如何預防居家氧氣流失？

　　生活中的氧氣隨時可以製造，居家環境中的氧氣更是隨處可以創造。一個良好優質的居家環境，能夠創造我們生理、心理上的舒適愉悅感，提升我們日常生活的品質與質感。居家生活不僅指室內的環境，還包含了室外的環境，兩者合一，才算整體的居家環境。而氧氣之於居家環境，就顯得非常重要了。我們就先從如何預防居家氧氣的流失開始營造起吧！

　　一個良好的室內環境的營造，應該著重在室內環境的事先規畫上，比如：綠化、空間的處理、色彩的運用、飾品傢俱的擺設等等。室外的部分，須施行綠化工作，並且應該特別注重並加強公共設施的維護與美化。

　　居家環境的綠化，是全球暖化日益嚴重的今天所需面對最迫切的工作。我們都知道，當溫室氣體愈多，我們所居處的地球溫度就會持續飆高。而全球暖化是由二氧化碳（CO_2）及其他溫室

氣體包括氧化亞氮（N_2O）、甲烷（CH_4）、氟氯碳化物（CFCs）等排放到地球大氣層中所造成的。這些溫室氣體就像一件厚厚巨大的大毯子，把太陽光的熱能緊緊包圍困住著，造成地球的溫度一直不斷上升，以致全球各地災難頻傳。加強綠化，當然就可預防氧氣的流失。我們可以從以下幾項改善方案做起。

一、改善室內通風設備

　　積極改善居家室內通風設備或空調系統，儘量選擇低污染的建築材料，如健康綠建材、生態綠建材、再生綠建材、高性能綠建材、低污染的環保再生傢俱（需具有綠建材標章，才符合健康與環保要求）等等。

二、種植綠色植物

　　植物可藉由光合作用吸收二氧化碳，釋放出新鮮的氧氣，當然有助於室內室外空氣品質的改善。再者藉由植物根部的抓地力，還可以有效提高水土保持，避免土壤流失喔。故在室內、室外多種植一些綠色植物，除了周遭滿眼綠意盎然的輕鬆舒適感之外，二氧化碳也因此排放跟著減少，當然有助於緩和地球溫室效應。這對地球環境的保護與改善，自然是多盡了一份心力。

三、室內設計注意事項

「環保」是維護人類生存環境的永恆主題，人們傾心追求的綠色理念和行為，已深植人心。綠色設計、綠色家飾、綠色傢俱等更是大行其道。回歸自然、關注健康，是人類面臨的重大課題和強烈願望。隨著哥本哈根低碳綠色風潮的浸潤，全世界居住生活範圍均以「綠色有氧」、「低碳環保」為主軸，對城市、建築、生態與人的關係重新定位，以建立更好的城市可持續性發展策略。當今世界運用生態學原理、環境學原理和建築學原理，遵循生態平衡及可持續發展的原則，合理設計、規劃建築內外空間的物質和能源因素，使其在系統內部能有序地循環轉換，從而獲得一種高效、低耗、無廢、無污染且能實現一定程度自給的新型生活方式。

室內環境的規畫與設計最好能注意以下幾個方面：

視覺：我們可以善用視覺所造成的錯覺，來佈置室內空間的裝潢圖案，千萬別將光線與採光搞得太複雜：取得光線的方法可分為自然採光與人工照明，前者需注意窗戶的形式與材質，後者需注意經濟性與效率性，例如：大面積照明可盡量採用日光燈，

局部照明則可採鹵素燈或現今流行的LED燈（省電又省錢），以增加或強化室內區域的重點與情境。

色彩：人對色彩的感覺其實是極為強烈敏感的，運用在居家室內設計時，應該多注意顏色的搭配問題，例如：暖色系（紅、橙、黃色系）給人一種溫暖感，使得室內空間看起來會比實際面積大許多；而寒色系（藍綠、藍、藍紫色系）則給人一種寒冷蕭瑟的感覺，房子空間會有縮小面積的效果；中性色系（黃綠、綠、紫、紅紫色系）則給予人溫順安逸的感覺。

空間的處理與運用：組成室內空間是由地板、天花板、牆壁所包圍而成。經由這三者不同形式的組合，可變化出許許多多不同感覺的設計與空間，例如：地板可在適當位置改變成不同的高度，用以區隔廚房、客廳或其他使用目的的空間；牆也可採用透明或半透明的玻璃磚、拉門等，會使人產生視野寬敞或柔和的感覺。

聽覺、嗅覺、觸覺：以上除了視覺方面的改善，還包括聽覺、嗅覺、觸覺等感覺，也應該一併重視及處理。例如：房間的隔間動線與隔音設計，如何消除來自廁所、廚房、鞋櫃的異味和

干擾音，室內室外裝潢的油漆木作、傢俱擺飾材質等對我們人體與皮膚所造成的影響等。

　　室外環境的美化：這算是一項大工程，必須靠鄰里同心協力來共同維護，必要時可以組成社區或大樓管理委員會，共同制定環境維護的規章，如此必可集眾人之力，達到共同提升生活品質的目的。

3-2 環境改善有撇步

居家清潔小撇步：

　　居家環境的污垢，如果能及時發現、及時處理，多半可以完全地清除而不留痕跡。以下介紹一些居家清潔的小秘方，提供您用來處理平常打掃時常碰到又不知該如何解決的疑難雜症。

一、廚房瓦斯爐架的污垢及噴火嘴的堵塞

　　沾染在爐架上的污垢，可先用鬃刷沾水刷洗；洗好擦乾水分後晾乾，再抹上一層薄薄的沙拉油，可以有效防止瓦斯爐架生鏽，可說是萬無一失。此外，噴火口要用專用的刷子或錐子清理。平時若無定期疏通清掃堵住的噴火口，火力就會不平均，而造成鍋底累積焦炭痕跡或影響烹調好壞。這些細微的工作可在打掃爐具時一同處理。請注意，打掃清理爐具時，一定要先將瓦斯關閉，以免發生危險。

二、和室紙拉門破損時

　　可拿一般的明信片來做修補的工作，在裂縫口稍大的明信片

上穿上一條線，再將明信片由裂縫處插入，固定好明信片的位置後，在破碎的拉門紙上塗上漿糊再貼到明信片上，隨後剪掉線頭即可。

三、地毯凹陷部分使其復原

因傢俱長期的重壓而引起地毯的凹陷部分，如果是純羊毛的地毯，可以用蒸氣熨斗讓它恢復膨鬆，或是用吹風機讓倒下去的纖維站起來。此外，用沾有溫水的濕布貼在地毯上，再用毛刷輕刷讓纖維站起來，也是不錯的好方法。若地毯是合成纖維或混紡的地毯，先噴上少量衣物柔軟精稀釋液，再用蒸氣熨斗熨燙就OK嘍！

四、高處的灰塵處理

這個時候，家中老公的高爾夫球杆就可以派上用場了。在杆頭的部分套上舊襪子，一路擦過去即可。可以的話一次多套幾隻襪子，髒了，只要一隻一隻丟掉即可，既方便又快速，不需噴灑任何清潔劑更環保。

五、鋼琴的保養

先用羊毛撢子拍掉灰塵後再乾擦。偶爾可用鋼琴專用蠟來保養。檢查一下音箱內的防震墊是否生蟲,記得取出清理,必要時還是更換一塊。鍵盤部分可用紗布沾稀釋酒精來擦拭,鑰匙孔及腳踏板的部分,則可用軟布沾上金屬亮潔劑小心地擦拭。

六、桌面上出現的透明漆鍋印

不小心將熱鍋放在透明漆的桌面上時所產生的白色鍋印,可以用抹布沾一點酒精,從鍋印的外側向內側耐心地擦看看。千萬別操之過急,過量的酒精是會造成透明漆的變色喔,請務必用少量稀釋後的酒精耐心地慢慢擦。

七、化妝用的小組件也可用冷洗精來清洗

化妝用的粉撲、海棉、棉棒、刷子等美容組件的清潔工作很容易被忽略。請時常用冷洗精來清洗,它能有效地除去油污髒垢,也不會傷害原有材質。只需用手輕搓沖洗後,洗乾淨再充分晾乾即可跟新的一樣喔。

八、烙印在塑膠皮椅上的印紋

把沾有普通濃度漂白水(稀釋後)的抹布放在印紋的部分,

稍待片刻後，用刷子擦拭。若還擦不掉的話，待乾後再用苯擦擦看。

九、10分鐘內有客人要來家裡拜訪時

若能事先在櫥櫃中預留一些空間，以便隨時能一下子就把礙眼的東西放進去的話，就不必擔心了（用不到的東西盡量資源回收才不至於佔空間）。將放在玄關的鞋子放入鞋櫃，廁所的污垢趕緊刷一下，然後用毛巾做最後的清潔。這時別忘了打開窗戶讓新鮮空氣流入室內。平時請養成在就寢之前將報紙、雜誌、書籍、靠墊、坐墊、菸灰缸或茶杯放回原處，桌子和椅子擺在正確位置的良好習慣，從此就不必再如此慌張嘍！

十、居家小角落的清理

手伸不進去的地方可利用免洗筷或是不用的細長器物處理：在免洗筷的前端捲上紙巾後再用橡皮筋圈牢，做成大棉棒。用這個大棉棒沾普通濃度（如4公升的水加1.5瓶蓋比例）的漂白水來擦拭的話，很容易將夾縫內的污垢徹底去除喔。妳可以趕緊試試看唷！

居家小妙方

1、注意甲醛超標不符合標準影響室內空氣品質、各類虛假環保認證層出不窮造成人們身心健康的危害頻頻。

2、在東西向窗戶考慮設計外遮陽裝置。

3、設計庭院綠化可起到冬暖夏涼的效果。

4、盡量選擇可以隔熱的地板。

5、選擇淺色的、布質厚密、隔熱效果好的窗簾。

6、合理設計室內燈具形式和光照強度可以達到節能功效。

7、使用變頻空調可以減少電能的消耗。

8、電源插座應盡量使用帶開關的。

9、合理設計水管走向，縮短熱水器與出水口的距離。

10、廚房設計選用雙水槽比單水槽節水。

11、盡量選擇節水型馬桶。

空間清出來了，氧氣就進來了！

我們在面對整理家居環境時通常很容易感到無能為力，因為要把雜亂的東西變為有秩序，得花很多力氣。一般的情況是，

人們都認為買越多東西才會給自己生活帶來越多的方便。事實不然，一個真正舒適的家居環境，屋裡屋外堆積的東西越少，才會有更多的生活空間，生活才會更有品質，氧氣也就自然進來了。

住處的整理與佈置，最不容易的就是如何著手處理整間偌大的房子。首先，丟掉那些很明顯一點也不值得留戀的大件物品，這樣營造空間的效果會顯得快速。然後，清除所有妳所處理位置上的用品，不管是衣櫥、櫃子、或是車庫裡的東西，把整理出的東西分成四類：垃圾、捐贈品、短期儲藏物和長期儲藏物，這時就是妳該做出一些困難決定的時候了，清出的物品中有些是某某家人的，有些是花30,000元買的，但若它確實已派不上用場了，邏輯上表示妳已經不再需要它了，所以就得狠下心把它丟掉。

有捨才有得

接著下來，建議妳從屋內小處開始著手清理打掃。

奶奶常說想要吃掉一隻大象的方法就是一次一小口開始，所以嘍！在著手整理屋內環境時，可先從擺藥的小櫃子或者餐桌旁邊的儲物盒開始，全心致力於那塊小區域。只要在小地方有所進展的話，要處理大範圍就容易許多了。但不管大或小面積的整理

都必須用心，大部分的人一旦整理掉許多東西後，騰出的空間就會放入許多她們需要的物品，奶奶曾說，要盡量每天整理出兩袋物品，一袋是垃圾，一袋是要捐走的，整理妳的衣服、書、鞋子等物品，從中每四件物品要丟掉一件喔！瞬間，屋子空間舒適寬敞變大了，自然新鮮的氧氣也就隨之進來嘍，這不就是有捨才有得的道理嗎？

控制購買慾望

整理居家環境當然絕不是一件一蹴可幾的事，要知道許多東西是好多年才堆積起來的，別想在一小時內就能完全搞定，也別認為堆積的東西會一直保持乾淨整潔，除非妳堅持保持整理原則，否則歷史很快會重演的！接著要做的就是：請小心控制購買慾望。即使是世界上最棒的物品，在慾望馳騁前請多三思，到底適不適合現在所需？一旦貪念之下買來的好東西，等到喜新厭舊的時候，自然又成了堆積品，又佔據了我們的生活空間。

所以，等什麼？動手吧！趕緊將家中擺放已久也用不到的物品清理分類搬除吧！

1. 補氣健脾八寶粥

▶ 適用於氣短體弱，食慾不振和腹瀉的氣虛患者。

▶ 黨參10克、黃芪10克、山藥100克、大棗10克、蓮子10克、扁豆10克、芡實10克、糯米50～100克。

2. 補氣養血粥

▶ 適用於疲乏無力，心慌失眠的氣血兩虛者。

▶ 當歸10克、黃芪15克、龍眼肉10克、大棗10克、枸杞10克、小紅豆50～100克。

3. 潤肺銀耳羹

▶ 適用於乾咳少痰，口渴便秘的患者。

▶ 銀耳50克、鮮荸薺100克、天冬10克、百合10克、適量藕粉。

4. 當歸山楂茶

▶ 解決妳的斑斑點點問題。

▶ 當歸、山楂各10克，白蘚皮、白蒺藜各5克。

▶ 將諸藥同置杯中，沖入沸水，密封浸泡10～20分鐘後代茶飲用，每日1劑，連續1月。可疏肝健脾，消斑化淤。

5. 澤瀉荷葉粥

▶ 可降低三酸甘油酯，提高高密度脂蛋白的含量，抗心肌缺血、降壓、降血糖等。

▶ 澤瀉20克、鮮荷葉1張、粳米100克（梗稻的種仁，又稱大米）。

▶ 先將荷葉洗淨，剪去蒂及邊緣，澤瀉研成細粉，細粉和粳米入鍋，加水適量，將荷葉蓋於水面上，先用旺火燒開，再轉小火熬成稀粥，揭去荷葉，放入白糖適量調味，代早餐服食。

「粳米」究竟是什麼米？

《本草備要》【粳米】條，曰：粳米〔粳，硬也；糯，懦也〕。在《傷寒雜病論》中，「白虎湯」、「桃花湯」、「竹葉石膏湯」等藥方，都用了「粳米」這種藥材。粳米甘涼，得天地中和之氣，和胃補中，色白入肺。除煩清熱，煮汁止渴。粳乃稻之總名，有早、中、晚三收，晚者得金氣多，性涼，尤能清熱。陳廩米沖淡可以養胃，煮汁煎藥，亦取其調腸胃、利小便、去濕熱、除煩渴之功。「知母、粳米、石膏、炙甘草」，正合 清、涼、利、甘四性。

6. 冬瓜粥

▶ 利尿，消水腫，清熱毒，止煩渴。適用於水腫脹滿，小便不利，包括肥胖症，急、慢性腎炎水腫，肝硬化腹水，腳氣病浮腫，暑熱煩悶，口乾止渴，肺熱咳嗽，痰喘等。能有效減肥，食用此藥膳可長保苗條。

▶ 鮮冬瓜（帶皮）100克、粳米60克。

▶ 先將冬瓜切成小塊，同粳米一併煮粥服食。或用鮮冬瓜子30克煎水，去渣後同米煮粥。可常食。

11. 翠白靈芝

▶ 抗腫瘤、保肝、抗心血管系統疾病、抗衰老、抗過敏、抗神經衰弱、改善微循環、治療糖尿病、高血壓，對慢性支氣管炎、支氣管哮喘有效，清熱潤肺、滑腸通便。

▶ 靈芝片20片、羅漢果2粒、山東白菜、素火腿、枸杞2錢、鹽、糖、香菇精、花生油、蓮藕粉。

▶ 靈芝片熬煮2小時後，加入剝開的羅漢果熬煮30分鐘後取湯汁備用。山東白菜切塊，素火腿切絲備用。起油鍋，用花生油2匙爆香素火腿，再加入山東白菜翻炒後，再加入靈芝湯燜煮，最後加入調味料，用少許蓮藕粉勾芡，再灑上枸杞即可。

12. 四物素雞

▶ 補血益氣、滋潤調經。

▶ 黨參5錢、當歸3錢、白芍3錢、黃精5錢、川芎1錢、菟絲子3錢、女貞子3錢、素雞、鹽、素高湯粉。

▶ 1. 先將所有藥材入鍋熬煮一小時後，取出所有藥材。 2. 接著將素雞放入湯汁中繼續熬煮約30分鐘後，加入素高湯粉以及鹽巴調味後即可。

叮嚀：容易脹氣腹瀉者加茯苓3錢，容易上火煩躁者加玉竹5錢至1兩。

13. 蓮子白木耳參湯

▶ 參鬚須可調節免疫力、白木耳滋陰，營養效果不亞於燕窩，芡實和蓮子則能安神補腎，是一道好吃滋養又可經常食用的養生甜湯。

▶ 蔘鬚3錢、蓮子 3錢、芡實 2錢、白木耳適量。

▶ 蓮子與白木耳先泡水備用，然後將所有材料加水與冰糖蒸1個小時即可。剩餘參鬚，可加蓮子、芡實與白木耳再蒸一次後服用。

4-2 變身！氧氣美女：
運動的補充

運動前的準備

一、生理方面的準備：

　　1. 了解自己平日的健康狀況，平時除了實施定期健康檢查外，生病時不宜勉強參加激烈活動。

　　2. 穿著適當的服裝和鞋子運動，隨著運動項目的不同，服裝也有所不同，以防發生運動傷害。一般性運動，如跑步、打球等應選擇輕便舒適及吸汗透氣佳者，切勿穿著不吸汗、不透氣的尼龍質或膠質衣，以免體熱無法散出而引起危險。

　　3. 運動前需先作熱身運動約5～10分鐘，尤其在夏天酷熱時，暖身時間可以縮短，冬天因為天氣寒冷，時

間可稍長。暖身目的在於增加身體溫度、促進血流、減少肌肉關節傷害。

    4. 請教專家，擬定適合自己的運動處方。

二、心理方面的準備

    1. 平常心：運動不和他人作計較，只和自己作比較。

    2. 耐心：運動需循序漸進，勿好高騖遠，急於得到成果。

    3. 決心：運動需持續，勿半途而廢致前功盡棄。

    4. 歡喜心：保持愉快的心情，享受運動享受健康。

三、運動後的身心補給

運動後1小時 ，身體極其需要營養，因此我們又將這段時間稱為補充營養的「黃金時段」。也就是說，這個時間如果正確進食，將十分有益於身體的恢復和肌肉再增長。

首先，身体需要的第一種物質是氨基酸。

身体需要氨基酸來發展肌肉、製造激素、形成神經傳導物質與骨骼。進行健身鍛鍊會消耗一些重要氨基酸，而補充這些成分的方法就是利用蛋白質來完成的。可以多吃以下的食物：乳清蛋白粉或者大豆蛋白粉。

其次，身體需要的第二種食物是碳水化合物。

運動後更需要補充醣類。身體能夠以醣類的形式儲備1800千卡的糖分，存在於肝臟與肌肉中。這一數量足以滿足小於馬拉松鍛鍊強度的健身活動，如果身體的醣類儲備非常充足，那麼就能夠顯著提高鍛鍊的成績，所以，只要妳不是被限制碳水化合物的攝取，妳是可以在運動後食用一些緩慢燃燒的碳水化合物，那是一個不錯的建議。最好的碳水化合物來源有：燕麥、糙米、莧菜以及各種水果與蔬菜等。

有氧運動

人體肌肉是由許多肌纖維組成的，主要可分為兩大類：白肌纖維和紅肌纖維。在運動時，如進行快速爆發力鍛鍊，得到鍛鍊

的主要是白肌纖維，白肌纖維橫斷面較粗，因此肌群容易發達粗壯，若採用如拚命使用腿部肌群如踩腳踏車、階梯有氧等方法減肥，小心將會越練越「肥」喔！

在進行有氧運動時，首先動用的是人體內儲存的糖分來釋放能量，在運動30分鐘後，便開始由糖分釋放能量轉向由脂肪釋放能量；大約運動1小時後，運動所需的能量才以脂肪功能為主。如現在常見的跳健身操減肥塑身，持續時間大約只有1個小時左右。也就是說，在脂肪剛剛開始分解的時候，人們就停止了運動，其減肥效果自然不佳。

有氧運動示範

無論上班或是居家，每天持續做以下有氧運動，身心自然有氧。（以下所有動作，每天做個三、四回，每次約7、8分鐘，疲累時多做效果更好！）

一、坐

1. 雙腳踮腳尖，雙手十指撐開，往後延伸抬高。左右手（腳）交替作，最後回正。

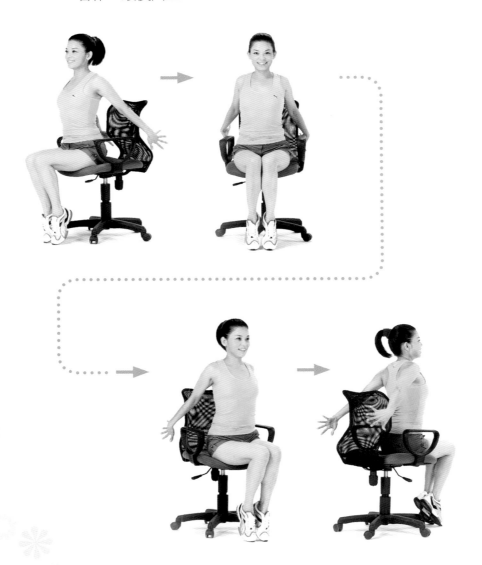

2. 雙手伸直，輪流扶搭（右手伸直扶搭左手肘，左手肘彎曲，反之亦然），轉頭側看。

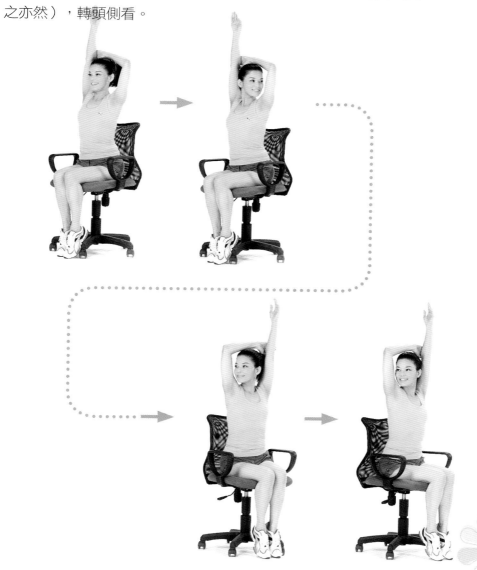

3. 雙手平舉，左右擺放，雙腳輪流側面抬高。

4. 雙腳打開，與肩同寬，上身水平前傾，雙手伸直。

二、站

1. 雙手合併向空中延伸,單腳輪流站立,大腿盡可能抬至與腰平齊。

2. 左右手輪流立掌，旋身扭腰，雙手輪流側推。

3. 左右手輪流扶搭頸部，並左右側看。

4. 單腳站立，一手掌心朝天，另一手掌心向下。（雙手皆要伸直）

三、行進間

1. 一手扶搭吊環（乘公車或捷運時），腿部前後搖擺。

2-1. 雙手伸直高舉，雙腳輪流伸直抬高。

2-2. 雙手伸直高舉，雙腳腳後跟輪流碰觸臀部。

3. 雙腳輪流正面抬高，側面抬高，後面輪流交叉（縮腹提臀），
最後回正。

4. 雙手左右側甩，扭腰旋身，雙腳輪流站立。

四、躺

1. 雙腳併攏側躺，懸空抬起。

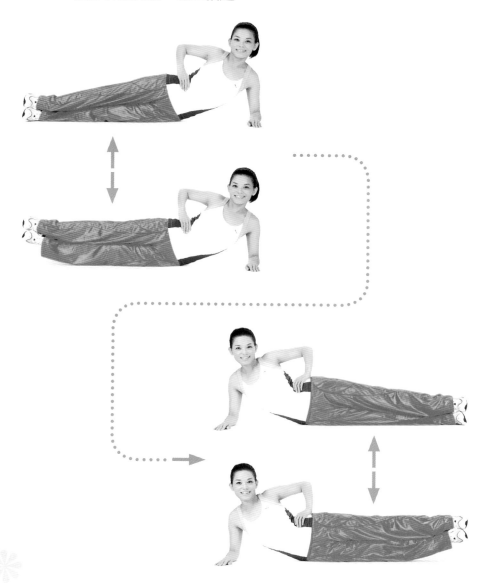

2. 小腹貼地平舉雙手，抬高雙腳。

3. 雙腳伸直空中交叉，大腿內側夾緊。

4. 雙腳輪流左右側壓。

附錄

喝出女人「味」

趙博士的自製養生茶飲

1. 菊花胡蘿蔔飲

【材料】 菊花6g、蘿蔔100g。

【功效】 滋肝養血、亮眼明目,增加眼睛的光澤度,緩解眼部疲勞。

2. 熟地菊花飲

【材料】 熟地10g、菊花10g、麥冬10g。

【功效】 填骨髓,長肌肉,生精血,補五臟內傷不足。久服,聰耳明目,黑髮烏鬚,百日面如桃花,身輕不老,強心,補血,利尿,改善腎功能,護膚等作用。

3. 桑葚蓮子飲

【材料】 桑葚25g、蓮子25g。

【功效】 有改善皮膚(包括頭皮)血液供應,營養肌膚,使皮膚白嫩及烏髮等作用。

4. 桑菊飲

【材料】桑葉6g、菊花10g。

【功效】明目亮眼，可治療感冒。對心血管疾病有顯著的防治作用，還可用於減肥瘦身。

5. 小麥黑豆夜交藤飲

【材料】小麥45g、黑豆30g、夜交藤10g。

【功效】滋養心腎、安神的功效，適用於心腎不交之失眠、心煩等症。

6. 蓮子桂圓飲

【材料】蓮子（去芯）、茯苓、芡實各8g、龍眼肉10g、紅糖少許。

【功效】具有補心健脾、養血安神的功效，適用於心悸怔忡、失眠健忘、乏力肢倦、貧血、神經衰弱等症。

7. 美人茶

【材料】當歸、山楂各8克，白蘚皮、白蒺藜各6克。

【功效】具有滋養美膚之功效。

8. 山楂枸杞飲

【材料】 山楂15克、枸杞15克。

【功效】 活血通脈、補腎益智的功用。適用肝腎不足、頭
暈腦鳴、精神恍惚等症。

9. 安神健腦茶

【材料】 炒酸棗仁4錢、半夏1.5錢、炙甘草1.5錢、紅棗5
粒、水400cc。

【服法】 睡覺前三十分喝完。

【功效】 養心安神，治健忘多夢。

【適應症】 適合壓力太大，晚上不易入睡的腦神經衰弱者。

10. 生津補氣茶

【材料】 西洋蔘 3錢、麥門冬 4錢、黃芪 2錢、水1000cc。

【功效】 補氣健腦，生津解渴，消除腦部缺氧引起的疲勞。

【適應症】 適合容易口乾舌燥，容易疲倦、口渴者。

11. 明目健腦茶

【材料】 東洋蔘2錢、黃精2錢、炒決明子1.5錢、枸杞5
錢、水1500cc。

【功效】 能增加腦部的供氧量，增加記憶力。

讀者若不適中藥茶飲味道！
不妨放些蜜金桔！必倍加爽口！

有氧問卷

測試您的缺氧程度
請依您近期的身體
狀況作答

1. 請問您常感到頭昏腦脹，思緒難以集中嗎？ □ 常常　□ 偶爾　□ 不會
2. 捨棄了許多美食但體重卻還是不斷攀升？ □ 常常　□ 偶爾　□ 不會
3. 感到脖子僵硬、腰酸背痛？　□ 常常　□ 偶爾　□ 不會
4. 常手腳冰冷、臉色蒼白無血色？　□ 常常　□ 偶爾　□ 不會
5. 為肌膚暗沉、皺紋黑斑所苦？　□ 常常　□ 偶爾　□ 不會

測驗結果　　常常3分　偶爾2分　不會1分

9分以上：重度缺氧族

　◎建議不要熬夜，補充足夠的睡眠。

　◎均衡飲食，補充身體所需養分。

　◎每天一瓶有氧飲料並使用有氧濃縮膠囊4顆改善缺氧症狀。

6分以上：慢性缺氧族

　◎多從事戶外活動，接受芬多精的洗禮。

　◎培養運動習慣，促進代謝不肥胖。

　◎每天一瓶有氧飲料並使用有氧濃縮膠囊2顆調養缺氧症狀。

6分以下：有氧樂活族

　◎建議適當的休息，並保持愉快的心情。

　◎每天一瓶有氧飲料並使用有氧濃縮膠囊1顆保養健康的身體。

根據輔仁大學營養學郭婕博士研究證實，飲用含有西伯利亞人蔘的老虎牙子，可增加人體攝氧量，增強心肺功能，倍增運動效果！

生活壓力大，容易讓腦內及體內的細胞大量耗氧，造成缺氧的症狀發生，老虎牙子能有效提升人體氧氣吸收量11.9%，促進代謝將熱量轉換成身體所需能量，天天一瓶就能輕鬆有氧好活力。

中國科技大學觀管系
助理教授

郭婕

老虎牙子

內含有氧植物
老虎蔘

有氧 增強心肺功能 倍增運動效果

缺氧是什麼？
★ ★ ★

缺氧就是當身體細胞缺乏足夠氧氣，無法將熱量完全燃燒而形成脂肪或乳酸堆積，也無法將廢物排出而形成毒素或造成細胞病變，人就會感覺精神倦怠、肌肉酸痛、肥胖與氣色差。

腰酸背痛
肌膚黯沉
手腳冰冷
頭香腦脹
肥胖

缺氧5感

有氧是什麼？
★ ★ ★

有氧是能有效補充身體細胞所需氧氣的方式，如有氧運動、有氧舞蹈、有氧飲料；身體細胞氧氣充足，就能讓新陳代謝良好、順利排除廢物。精神、體力與氣色就能維持最佳狀態。

老虎牙子 🔍 www.laohuyatzi.com.tw

有氧服務專線：0800-012-340　台北市內湖區基湖路35巷6號5樓

若用一句話來形容鈺善閣的養生懷石料理，
便是「一口詩意頌盡春夏秋冬四季」。
它不僅天然、健康，為您的健康飲食把關，
更讓顧客在品嚐每一道菜時，
兼得口感享受與味蕾平衡。

鈺善閣・素・養生懷石

台中店
台中市西屯區文心路二段 207 號 2 樓
Tel：04-22588955
Fax：04-22587955
E-mail：yu.taichung@yu-shan-ge.com.tw
統一編號：53621366

台北店
台北市中正區北平東路 14 號 1 樓
Tel：02-23945155
Fax：02-23945022
E-mail：yu.taipei@yu-shan-ge.com.tw
統一編號：16136290

高雄店
高雄市鼓山區美術北三路 225 號
Tel：07-5227850
Fax：07-5223726
E-mail：yu.kaohsiung@yu-shan-ge.com.tw
統一編號：57963357

國家圖書館出版品預行編目資料

美魔女「氧」生術 / 趙叔碧. -- 初版 -- 新北市；
華志文化，2013.05
　　面：　　公分，-- （健康養生小百科：16）
ISBN 978-986-5936-37-2（平裝）

1.生活指導　2.健康法

177.2　　　　　　　　　　　　　102003115

華志文化事業有限公司

系列／健康養生小百科 016

書名／美魔女氧生術

作　　　者　趙叔碧博士

執行編輯　林雅婷

美術編輯　葉若蒂

文字校對　陳麗鳳

企劃執行　康敏才

總編輯　黃志中

社　　長　楊凱翔

出版者　華志文化事業有限公司

電子信箱　huachihbook@yahoo.com.tw

地　　址　116台北市文山區興隆路四段九十六巷三弄六號四樓

電　　話　02-22341779

電子信箱　s1686688@ms31.hinet.net

郵政劃撥　戶名：旭昇圖書有限公司（帳號：12935041）

傳　　真　02-22451479

電　　話　02-22451480

地　　址　235新北市中和區中山路二段三五二號二樓

總經銷商　旭昇圖書有限公司

出版日期　西元二○一三年五月初版第一刷

售　　價　二八○元

華志文化